权威·前沿·原创

皮书系列为
"十二五""十三五""十四五"时期国家重点出版物出版专项规划项目

B

BLUE BOOK

智 库 成 果 出 版 与 传 播 平 台

工业和信息化蓝皮书

BLUE BOOK OF INDUSTRY AND INFORMATIZATION

工业绿色低碳发展报告
（2023~2024）

ANNUAL REPORT ON THE DEVELOPMENT OF INDUSTRIAL
GREEN AND LOW CARBON (2023-2024)

组织编写／国家工业信息安全发展研究中心
主　　编／蒋　艳

社会科学文献出版社
SOCIAL SCIENCES ACADEMIC PRESS（CHINA）

图书在版编目（CIP）数据

工业绿色低碳发展报告 . 2023~2024 / 蒋艳主编
. --北京：社会科学文献出版社，2024.8
（工业和信息化蓝皮书）
ISBN 978-7-5228-3729-1

Ⅰ.①工…　Ⅱ.①蒋…　Ⅲ.①工业经济-绿色经济-
经济发展-中国-2023-2024　Ⅳ.①F424

中国国家版本馆 CIP 数据核字（2024）第 110871 号

工业和信息化蓝皮书
工业绿色低碳发展报告（2023~2024）

组织编写 / 国家工业信息安全发展研究中心
主　　编 / 蒋　艳

出 版 人 / 冀祥德
责任编辑 / 宋　静
责任印制 / 王京美

出　　版 / 社会科学文献出版社·皮书分社（010）59367127
　　　　　地址：北京市北三环中路甲 29 号院华龙大厦　邮编：100029
　　　　　网址：www.ssap.com.cn
发　　行 / 社会科学文献出版社（010）59367028
印　　装 / 天津千鹤文化传播有限公司

规　　格 / 开　本：787mm×1092mm　1/16
　　　　　印　张：13.25　字　数：168 千字
版　　次 / 2024 年 8 月第 1 版　2024 年 8 月第 1 次印刷
书　　号 / ISBN 978-7-5228-3729-1
定　　价 / 158.00 元

读者服务电话：4008918866

《工业绿色低碳发展报告（2023~2024）》
编 写 组

课题编写 国家工业信息安全发展研究中心信息化所

组　　长 廖　凯

副组长 马冬妍　唐旖浓

编写人员　师丽娟　张宏博　苏泳睿　孟　琦　赵珏昱

　　　　　　孙玉龙　李立伟　梁　瞳　崔学民　马路遥

　　　　　　陆江楠　安　岩　李镇东　杨子江　刘政含

　　　　　　柴纪强　杨　旭　曾　渚　杨杰瀚　许志鑫

　　　　　　杜　鹏　郭中梅　董正浩　白　喆　王丽影

主编简介

蒋　艳　国家工业信息安全发展研究中心主任、党委副书记，正高级工程师，中国电子质量管理协会理事长，工业和信息化部电子科学技术委员会常委、工控安全组组长。致力于工业信息安全、关键软件、制造业数字化转型等领域政策研究、标准研制、产业咨询、技术创新及行业管理工作，主要研究方向包括国家工业和信息化的战略布局、产业规划、政策标准等，牵头组织支撑编制和推动实施《"十四五"软件和信息技术服务业发展规划》《工业领域数据安全能力提升实施方案（2024—2026 年）》《工业控制系统网络安全防护指南》等多项政策文件，主持完成多项省部级重大专项或研究课题，公开发表（出版）学术论文和著作 30 余篇（部）。

国家工业信息安全发展研究中心简介

国家工业信息安全发展研究中心（工业和信息化部电子第一研究所）成立于1959年，是工业和信息化部直属事业单位，是我国工业信息安全领域重要的服务保障机构。

经过60余年的发展与积淀，中心拥有2个国家质检中心、6个工业和信息化部重点实验室，具有等保测评、商用密码安全性评估、信息安全风险评估、电子数据司法鉴定、软件测试等资质。牵头（或参与）承担了上百项国家重点研发计划、工业转型升级专项、制造业高质量发展专项、基础科研重大工程等重大专项，形成了工业信息安全综合保障、关键软件生态促进服务、制造业数字化转型服务三大业务体系，提供智库咨询、技术研发、检验检测、试验验证、评估评价、知识产权、数据资源等公共服务，并长期承担声像采集制作、档案文献、工程建设、年鉴出版等管理支撑工作。

新时期，中心将坚持以习近平新时代中国特色社会主义思想为指导，深入贯彻总体国家安全观，统筹发展和安全，聚焦主责主业，突出特色，以加快推进新型工业化为主线，围绕强化对部支撑保障、服务行业企业发展两项使命任务，聚焦工业信息安全、关键软件、制造业数字化转型三个重点领域，持续提升安全保障、转型服务、生态促进、决策支撑四种核心能力，加快建设一流的国家工业信息安全服务保障机构，为服务产业科技高水平安全、护航新型工业化高质量发展作出新的更大贡献。

公众号：国家工业信息安全发展研究中心

序

当前，新一轮科技革命和产业变革突飞猛进，全球科技创新空前密集活跃，5G、人工智能、互联网、大数据等新兴技术加速突破应用，带动相关传统技术交叉融合、迭代创新，催生一批具有重大影响力的新产业新业态。世界各国纷纷加强前瞻性战略布局，加大数字经济、先进制造、产业链供应链等领域发展的政策支持力度，竞争相关领域技术标准、经贸规则制定的主导权。全球产业发展和分工格局面临深刻调整，单边主义、保护主义势头明显上升，产业链重组、供应链重构、价值链重塑不断深化，加之受地区冲突影响，世界产业链供应链稳定受到冲击。

我国制造业规模已连续 14 年居世界首位，工业发展正处于由大变强的重要关口。2023 年 9 月，习近平总书记就推进新型工业化作出重要指示，强调"把高质量发展的要求贯穿新型工业化全过程，把建设制造强国同发展数字经济、产业信息化等有机结合"。2024 年 1 月 31 日，习近平总书记在主持中共中央政治局第十一次集体学习时强调，"发展新质生产力是推动高质量发展的内在要求和重要着力点"。这为我国加快发展新质生产力、深入推进新型工业化指明了方向，提供了根本遵循。我国具有工业体系完整、产业规模庞大、应用场景丰富等优势，数字经济规模位居全球第二，深入推进新型工业化，加快人工智能赋能，将有力推动制造业智能化转型、高水平赋能工业制造体系，促进我国产业从中低端迈向中高端。

自 5G 首次发牌起，我国 5G 商用至今已满 5 年。我国 5G 基站数、用户数、用户渗透率领跑全球，移动宽带平均下载速率已超越固定宽带，5G 创造的赋能价值得到了社会的高度认可。截至 2024 年 6 月，我国 5G 基站总数达 391.7 万个，占全网的 33%，占全球的 60.0%；5G 移动电话用户达 9.27 亿户，占全网的 52.4%，占全球的 50.8%；5G 峰值与均值下载速率为 4G 的 7 倍，上行速率为 4G 的 3 倍；据 Speedtext 数据，我国的移动通信平均下载速率居全球第 7 位。5G 应用在制造业、矿业、电力、医疗等领域实现规模复制，直接带动经济总产出约 5.6 万亿元，间接带动总产出约 14 万亿元，有力地促进了经济社会高质量发展。现在以 5G-A 为代表的 5G 发展下半场已经开始，创新仍然是产学研各界面对的共同命题，需要在智能化、宽带化、轻量化、主动适配等方面积极开展技术和应用创新，深化与实体经济的结合。

人工智能正以前所未有的速度和规模发展，大模型、AIGC 成为全球数字经济发展的热点。各类科技大公司、创新型公司展开投入竞赛，我国以百度、华为、阿里等为代表的数字企业加大人工智能大模型开发力度，创新应用不断迭代升级。截至 2024 年 6 月底，我国已经完成备案并上线能为公众提供服务的生成式人工智能大模型已达 180 余个，注册用户已突破 5.64 亿。2024 年将发力 AI 的垂直行业应用，我们将看到越来越多的创新应用场景和产品形态涌现，这对于推动我国人工智能产业快速、持续、健康发展具有非常重要的作用。截至 2024 年第一季度，我国人工智能企业数量超过 4500 家，工业机器人、工业软件等数字产品和服务能力不断提升，为人工智能赋能新型工业化奠定了良好基础。

大模型的快速发展离不开高质量数据的支持，同时也是数据价值的体现。《全国数据资源调查报告（2023 年）》显示，2023 年，全国数据生产总量达到 32.85 泽字节（ZB），同比增长

22.44%；数据存储方面，我国累计数据存储总量为1.73ZB，存储空间利用率为59%。预计2024年，数据生产量增长将超过25%，数据存储能力也将随硬件技术的升级迭代和降本而快速提升，数据规模优势将进一步扩大。党中央决策部署组建国家数据局，负责协调推进数据基础制度建设，统筹数据资源整合共享和开发利用，统筹推进数字中国、数字经济、数字社会规划和建设等，将有力促进数据要素技术创新、开发利用和有效治理，以数据强国支撑数字中国建设。

大模型的全球爆发，带动了算力需求的快速增长，我国已经成为全球的算力大国。"东数西算"工程8个国家算力枢纽节点暨十大数据中心集群建设提速，建设超过180条干线光缆，骨干网互联带宽扩容到40T，全国算力枢纽节点20ms时延圈已经覆盖了全国主要城市。截至2023年底，我国在用数据中心机架总规模超过810万标准机架，算力总规模达到了230EFLOPS，即每秒230百亿亿次浮点运算，位居全球第二，同比增长约30%。其中，智能算力规模达到了70EFLOPS，在所有算力中的占比提高到约30%，增速超过70%。随着人工智能训练需求的高涨，各行业各领域对智能算力的需求日趋强烈，算力在短期内虽然会出现难以满足需求的情况，但会随应用需求加速调整布局，提高算力利用率。

应用方面，以大模型为代表的人工智能发展正加速与制造业深度融合，深刻改变制造业生产模式和经济形态，展现出强大的赋能效应。截至2023年底，全国工业企业关键工序数控化率和数字化研发设计工具普及率分别达到62.2%和79.6%。工业互联网融入49个国民经济大类，覆盖全部工业大类，深入制造业研、产、供、销、服等各环节。培育国家级智能制造示范工厂421家、省级数字化车间和智能工厂万余家，人工智能等技术在90%以上的示范工厂得到应用，有效带动传统产业转型升级。当前市场以基础大模型为主，通识能力强，但缺少行业专业知识。如何将大模型融入千行百业，是下一阶段的发展重点，也将为工业、金融、广电等行业数字化转型和高质量发展带来新动能。

绿色低碳是新型工业化的生态底色，也是当今世界科技革命和产业变革的方向。我国绿色低碳转型扎实推进，工业绿色化发展取得新成效，钢铁和有色金属等传统行业规上工业单位增加值能耗继续下降，乙烯等行业达到能效标杆水平的产能比例已经超过30%。信息基础设施能效也不断优化，截至2023年底，累计培育196家绿色数据中心。绿色动能加快释放，累计培育绿色工厂5095家、绿色工业园区371家、绿色供应链管理企业605家。汽车来到新能源时代，国产品牌的新能源车率先利用数字技术在平价车型上提供智驾等配置，显著提升国产新能源车的竞争力。2024年上半年，新能源汽车产销同比分别增长30.1%和32.0%，市场占有率达到35.2%。智能网联系统在汽车产业内的装配率预计将在2025年达到83%的水平，年均复合增长率为16.1%，与新能源车相辅相成。

2024年是实现"十四五"规划目标任务的关键一年，也是全面落实全国新型工业化推进大会部署的重要一年。党的二十届三中全会决定指出，"促进各类先进生产要素向发展新质生产力集聚"。工业和信息化领域是实体经济的重点，更是数字经济和实体经济融合发展的主战场。值此之际，国家工业信息安全发展研究中心推出2023~2024年度"工业和信息化蓝皮书"，深入分析研判数字经济、人工智能、新兴产业、数字化转型、工业绿色低碳、软件产业、中小企业发展等重点领域的最新态势和发展趋势。相信读者能从蓝皮书新颖的观点、深入的分析、翔实的数据和丰富的案例中有所收获，更全面地理解和把握当前工业和信息化领域的发展形势、机遇和挑战，持续推动新质生产力发展取得新进展、新突破，加快建设制造强国和网络强国，不断开创新型工业化发展新局面。

　　是为序。

摘　要

　　"十四五"时期是开启全面建设社会主义现代化国家新征程、向第二个百年奋斗目标进军的第一个五年，我国积极推动工业领域绿色低碳转型，为碳达峰碳中和目标实现奠定基础。在党中央坚强领导下，我国坚定不移贯彻新发展理念，深入推进产业优化升级，加大资源综合利用力度，推动减污降碳协同增效，以推动"产业结构高端化、能源消费低碳化、资源利用循环化、生产过程清洁化、产品供给绿色化、生产方式数字化"为目标，携手各界，推动工业绿色低碳发展迈上新台阶。

　　当前，工业绿色发展中传统行业的绿色低碳转型升级是首要任务。受产业特性及规模总量等影响，传统行业如纺织、有色、石化化工等的能耗、排放总量占比较高，绿色低碳转型升级就是通过优化产品结构和生产力布局、转变生产方式、提升产业发展层级等方式实现高质量发展。同时，新兴产业绿色低碳高起点发展也至关重要。我国新能源产业、新能源汽车产业等战略性新兴产业蓬勃发展，已逐步成为驱动产业变革、带动经济社会发展的重要力量。聚焦新兴产业绿色发展的瓶颈环节，着力解决新兴产业可持续发展的核心难题，逐步形成结构合理、优势明显、发展高效的产业增长极。《工业绿色低碳发展报告（2023~2024）》在总结我国工业绿色低碳发展经验成效的基础上，重点研究了传统行业和新兴产业绿色发展现状及实践路径，为我国工业绿色低碳发展提出可行性建议。

　　本报告分为总报告、理论篇、行业篇、实践篇 4 个章节，共计 14 篇文章。总报告梳理了国内外工业领域绿色低碳发展的现状及所面临的机遇挑战，尤其是对我国推进新型工业化发展道路上遇到的瓶颈与成功实践进行了详细剖析，并在碳管理体系的基础上，进一步研究了数字技术赋能碳管理的路径方法，提出了数字化碳管理架构模式。理论篇创新了工业绿色低碳监测评价体系，通过建立科学、系统、客观的评价体系，动态了解工业绿色低碳发展的实际状况，确保工业发展与环境保护、资源节约的协调平衡，实现经济和社会的可持续发展，同时，也为政府决策提供科学依据，推动绿色低碳产业的健康发展。针对欧盟碳边境调节机制对我国的影响，提出加强应对气候变化对话交流机制，加快推进全国碳市场建设，建立应对绿色低碳贸易壁垒的工作机制和公共服务平台，加快开展重点行业的可持续供应链管理等建议。围绕双化协同发展过程中存在的问题探索、推动通用模式与专项模式并行发展。行业篇分为两个方面，一方面主要围绕传统行业如石化化工、纺织等高碳排放行业剖析了绿色发展现状，提出了覆盖全生命周期的降碳减排发展建议；另一方面围绕战略性新兴产业如新能源产业、新能源汽车产业等发展过程中的问题提出了发展路径及措施建议。实践篇梳理了工业领域节能降碳的实际应用现状，剖析了数字化绿色化协同转型在不同发展阶段的具体表现，分析了数字化碳管理平台在工业领域数字化转型和绿色化发展中扮演的关键角色及应用案例，展示了国内先进案例中数据中心适用的建筑技术、冷却技术、电力技术以及运维技术等应用，分析了零碳智慧园区的发展现状，提出了以零碳智慧园区架构为基础的建设路径和发展建议。

　　关键词： 工业绿色低碳　高质量发展　数字化绿色化　碳管理

目 录 ▷

Ⅰ 总报告

B.1 以绿色低碳发展绘筑新型工业化生态底色

      …………… 马冬妍 唐旖浓 赵珏昱 师丽娟 孟 琦 / 001

B.2 中国方案助力全球绿色低碳转型探索与实践

      ………………………… 孟 琦 师丽娟 孙玉龙 / 017

B.3 我国数字化碳管理现状与趋势研究

      ………………………… 师丽娟 张宏博 孟 琦 / 030

Ⅱ 理论篇

B.4 工业绿色低碳监测评价体系研究

      …………… 张宏博 师丽娟 孟 琦 赵珏昱 苏泳睿 / 042

B.5 欧盟碳边境调节机制对我国的影响及应对措施

      ………………………… 安 岩 李镇东 师丽娟 / 053

B.6 工业领域数字化绿色化协同转型发展模式探索

……………… 苏泳睿 董正浩 师丽娟 邓成明 李高雅 / 062

Ⅲ 行业篇

B.7 我国石化化工行业绿色低碳发展现状及路径研究

………………………………… 师丽娟 赵珏昱 孙玉龙 / 074

B.8 纺织行业绿色低碳创新发展趋势分析与建议

……………… 张宏博 孟 琦 赵珏昱 师丽娟 孙玉龙 / 086

B.9 新能源汽车行业发展现状与低碳促进措施建议

………………………… 李立伟 马路遥 梁 瞳 崔学民 / 096

B.10 我国新能源产业发展路径研究与建议

………………… 张宏博 孟 琦 赵珏昱 师丽娟 / 107

Ⅳ 实践篇

B.11 工业领域数字化节能降碳实践路径研究

………………… 苏泳睿 杨子江 刘政含 柴纪强 / 117

B.12 工业数字化碳管理服务平台实践与应用

………………… 李立伟 梁 瞳 马路遥 崔学民 / 128

B.13 我国低碳数据中心实施策略与实践

………… 杨 旭 曾 渚 杨杰瀚 许志鑫 陆江楠 / 137

B. 14 "双化协同"发展背景下的零碳智慧园区的建设路径及对策

·················· 数字化绿色化协同转型园区建设课题组 / 150

Abstract ·· / 165

Contents ·· / 169

皮书数据库阅读**使用指南**

总 报 告

B.1
以绿色低碳发展绘筑新型工业化
生态底色

马冬妍　唐旖浓　赵珏昱　师丽娟　孟琦*

摘　要： 新型工业化自诞生起便将绿色低碳作为其主要特征。在当前全球经济发展与环境保护相互交织的大背景下，绿色发展更是我国破解资源环境约束、推动新型工业化发展的必然选择。本文首先对新型工业化和绿色低碳的内涵特征进行了剖析，其次介绍欧盟、美国及

* 马冬妍，国家工业信息安全发展研究中心信息化所所长，高级工程师，从事两化融合、"双碳"、工业互联网、数字化转型等相关领域研究；唐旖浓，国家工业信息安全发展研究中心信息化所副所长，高级工程师，从事两化融合、"双碳"、工业互联网、数字化转型等相关领域研究；赵珏昱，国家工业信息安全发展研究中心信息化所工程师，从事数字化转型、工业互联网、两化融合等相关领域研究；师丽娟，博士，国家工业信息安全发展研究中心信息化所高级工程师，从事"双碳"、两化融合、工业互联网、数字化转型等相关领域研究；孟琦，国家工业信息安全发展研究中心信息化所高级工程师，从事"双碳"、两化融合、数字化转型等相关领域研究。

中国的绿色发展实践经验，其中欧盟侧重进行能源结构的转换及推动绿色技术的创新，美国侧重通过立法及构建市场机制来支撑绿色低碳的发展，而中国则主要是自上而下通过政策引导、产业转型以及能源体系优化等进行积极探索。综合国内外经验，本文提出应从强化责任分工、提高供给水平、优化能源结构等方面着手，厚植新型工业化的绿色底色。

关键词： 新型工业化　工业经济　绿色低碳　高质量发展

一　绿色低碳是推进新型工业化的必然选项

"新型工业化"概念自诞生起，便将绿色低碳作为其主要特征。2002 年党的十六大首次提出"新型工业化"，明确指出，坚持以信息化带动工业化，以工业化促进信息化，走出一条科技含量高、经济效益好、资源消耗低、环境污染少、人力资源优势得到充分发挥的新型工业化路子。党的十七大、十八大、十九大、二十大更数次对新型工业化进行强调，推进新型工业化，必须坚定不移地走绿色低碳的发展道路，这不仅是应对全球气候变化的必然要求，也是实现经济高质量发展的内在需要。在当今全球经济和社会发展的新形势下，绿色低碳不仅是环境保护的必然选择，更是推进新型工业化的必然选项。

（一）新型工业化的内涵要求

目前，全球范围内新工业革命的浪潮正在加速涌动，科技进步，尤以数字技术为先锋，正对传统产业以及分工格局造成深刻且具有颠覆性的影响。与此同时，各国在减排问题上达成共识，这既构成了工业化进程的基本约束，也催生了庞大的绿色需求。唯有坚定走新型工业化道路，我们方能有效应对接踵而至的挑战，并紧抓前所未有的战略机遇。

数字技术赋能是新型工业化的内在动力。在新工业革命的浪潮下，科学技术的迅猛发展推动了技术—经济范式的深刻变革。数字领域涌现出众多颠覆性创新，催生了新兴产业和业态，并孕育出全新的生产要素，进而重塑生产组织的形态。新型工业化的一个重要表现就是生产函数发生变化，数据成为继劳动力、资本、土地等之后的生产要素，对劳动力比较优势产生了较大的冲击，进而削弱了发展中国家在全球产业链中的地位，也影响了中国在劳动密集型产业及相关环节的竞争力。新型工业化的核心在于通过充分发挥知识、技术、资本、数据等生产要素在产业发展中的关键作用，提升中国的竞争力。与此同时，数字技术已经成为提升技术水平和全球价值链掌控力的关键杠杆。为了在新工业革命中扮演重要参与者和引领者的角色，我国必须通过新型工业化，强化数字技术与制造业等实体经济的深度融合，实现产业全领域、全价值链和产品生命周期全过程、供应链全链条以及商业生态各层面的数字化与实体经济的融合发展。

绿色低碳发展是新型工业化的必然选择。达成碳达峰碳中和的宏伟目标，不仅是我国向国际社会展现的坚定决心，更是一场深远的经济社会系统性变革。面对工业化进程带来的温室气体排放增量问题，我国与世界各国共同肩负着减排责任。《巴黎协定》敦促各国设定明确的碳达峰碳中和时间表，我国亦积极响应，确立了"双碳"战略目标。新型工业化实质上是在低碳发展轨道上推进的工业化进程，它既是新的挑战与限制，也是新的发展机遇与竞争领域。能够应对这些新挑战的技术创新、产品升级、服务优化及产业转型，将成为新型工业化进程中的强大增长引擎。新能源的开发利用、碳捕获技术的突破以及生态修复能力的提升，将成为大国间竞争的关键方面。为了推动我国产业竞争力向绿色低碳转型，我们不仅要推动工业本身的低碳化改造，更要借助新型工业化的契机，构建世界领先的绿色产业体系，为整个经济社会绿色低碳转型奠定坚实的物质基础，为"双碳"目标的实现提供丰富的低碳技术、产品和服务支撑。

有效市场和有为政府是新型工业化的重要保障。党的二十大报告指出，"充分发挥市场在资源配置中的决定性作用，更好发挥政府作用"，这是对市场与政府关系的基本定位。如何实现有效市场与有为政府良性互动是新型工业化推进进程中需要回答的理论和实践问题。随着工业化进程的逐步深入，高质量发展的潜在风险在于经济体制变革的滞后难以适应工业化进程的迅猛推进。要克服这一障碍，关键在于优化政府与市场之间的动态关系。市场机制在微观层面发挥着重要的调节作用，然而，在宏观和中观层面，政府的引导和调控作用至关重要。此外，随着数字技术的迅猛发展，市场环境日趋复杂多变，不确定性和互动性显著增强，这对政府服务的质量和效率提出了更高的要求。推动有效市场与有为政府的有机结合是保障新型工业化顺利推进的重要基石。

（二）绿色低碳发展的核心理念与新时代响应

党的二十大报告提出，"推动经济社会发展绿色化、低碳化是实现高质量发展的关键环节"。绿色低碳发展作为当今社会发展的主流趋势，其核心理念融合了可持续发展、生态保护、技术创新等多个维度。这一理念不仅是对传统发展模式的深刻反思，更是对未来社会文明进步方向的积极探索。

可持续发展是绿色低碳发展的根本导向。在传统发展模式下，经济增长往往以资源的大量消耗和环境的严重破坏为代价，这种发展方式不仅导致资源的迅速枯竭，也给生态环境带来了无法弥补的损害。而绿色低碳发展则强调经济发展与环境保护的协调共进，追求经济效益、社会效益和环境效益的有机统一。它要求我们在满足当代人需求的同时，不损害未来世代的发展权益，实现代际公平。在新型工业化的推进背景下，需要坚持绿色、循环、低碳的发展理念，推动工业结构调整和产业升级，构建绿色产业体系。通过提高资源利用效率、降低能耗和减少污染物排放，实现工业发展与环境保护的良性循环。

生态保护是绿色低碳发展的核心任务。生态环境是人类赖以生存和发展的基础，绿色低碳发展要求我们在发展过程中始终坚持生态优先的原则。这意味着制定经济政策和发展规划时，必须充分考虑生态环境的承载能力，避免过度开发和污染，确保生态系统的完整性和稳定性。在新型工业化的推进背景下，需将生态保护理念贯穿于工业发展的全过程，加强工业污染防治和生态修复。通过严格环境监管和执法，确保工业企业在生产过程中遵守环保法规、降低污染物排放。同时，积极推动工业废弃物的资源化利用和无害化处理，减少对环境的影响。

技术创新是绿色低碳发展的动力源泉。技术创新为工业发展提供了新的技术支撑和解决方案，通过研发和推广先进的低碳技术，不仅可以提高能源利用效率，降低碳排放强度，减少对环境的影响；还可以推动产业结构的优化升级，培育新的经济增长点，为经济社会发展注入新的活力。在新型工业化的推进背景下，需加强绿色低碳技术的研发和应用，推动工业技术创新与产业升级。通过加大科研投入，支持工业企业在节能减排、资源循环利用等领域进行技术创新，提高工业发展的技术含量和附加值。同时，加强国际合作与交流，引进国外先进的绿色低碳技术和管理经验，提升我国工业绿色低碳发展的整体水平。

二　国内外绿色低碳发展经验

全球气候变化和环境问题日益严峻，随着可再生能源技术的进步和环保意识的增强，各国政府开始积极探索实践绿色低碳道路。欧洲作为绿色低碳发展的先行者，通过制定严格的环境政策、推广可再生能源和提高能效等措施，展现其在环境治理方面的引领作用。与此同时，其他国家和地区，如中国、美国等，也在不断尝试和优化本国的绿色低碳发展策略，以适应全球环境治理的要求和自身的发展需要。

（一）国际绿色低碳发展模式

1. 欧洲绿色低碳发展实践

欧洲走上绿色低碳发展之路起源于 20 世纪 60 年代的环境保护运动。绿色低碳发展最初由环保专业人士倡导，逐步引发了广泛的公众关注并最终达成了社会共识，为欧洲的可持续发展奠定了基础。作为绿色低碳发展的先行者，欧洲在环境治理方面积累了丰富经验。

在顶层部署方面，欧洲通过政策制定、评估认定、法律约束等多种手段，形成了从上至下、连贯一致的政策传递体系。自《京都议定书》实施后，欧盟主要成员国陆续完善了国内法规并逐步融入欧盟低碳政策的传导体系，纵向上形成了从欧盟到国家再到地方的政策传递机制；横向上明确了部门之间的分工与职责，建立了包含执行、评估、监督、反馈及修正等在内的完整环节的动态执行机制。此外，欧洲采取了多样化的政策工具以确保政策实施的完整闭环。欧洲国家不仅完善了关于绿色低碳的法律法规，还运用了一系列低碳评估认证机制和各类低碳认证，确保了政策实施的完整性与稳定性。比如，瑞典设计了环境的系统分析（ESA）、生命周期绩效评估（LCA）等认证工具，有效保障了各类低碳激励政策的公平性和精准性。在完善各项认证、评估制度后，针对主要能耗领域如交通、建筑等，欧盟层面还采取了一系列强制性减排措施，如执行《燃料质量指令》《汽车排放条例》《建筑能效指令》等严格的能效标准，促进了相关领域向低碳节能方向发展。

在能源转型方面，由于能源匮乏，欧盟自 20 世纪 80 年代起扶持太阳能、生物燃料、风能、核能等可再生能源，可再生能源消费量占总能源消费量的比重由 2005 年的 9.02% 升至 2021 年的 21.8%[①]，且欧盟于 2023 年 10 月通过《可再生能源指令修正案》，提出至 2030 年可再生能源消费量占总能源消费量的比重提升至 45%。其中，德国、英国与丹麦等国凭借一批专业化程度高、创新能力出众、资源整合效率卓越的中小企业，成功在北海地区建设起风电场，基本实现了海上风电设备本地化制造。法国阿海珐集团则通过整合碳捕获与封存技术，研发出低碳核反应堆，提升了核能在绿色低碳发展中的应用价值。与此同时，欧盟的研发框架计划长期资助的新一代高效太阳能电池技术，其光电转换效率已经突破 28% 的界限，展现出显著的技术优势。在路面光伏发电领域，欧盟同样引领全球潮流。早在 2014 年，荷兰便建成了全球首条具备太阳能发电功能的自行车道，随后在 2016 年，法国也成功打造了首条太阳能高速公路，这些创新实践为可持续能源利用开辟了新的道路。

在产业实践方面，欧盟针对自身优势产业，推进技术迭代与转型升级。各国期望实现可再生能源与产业技术的深度融合，推动产业技术革新，构建零碳能源体系和产业新生态，形成"零碳"的绿色产业链体系。德国凭借其在工业和汽车制造业方面的优势，一方面大力发展公共交通、重型公路运输、物流、海运等领域的氢能源交通工具和新能源乘用车；另一方面，在钢铁、化工及机械制造领域加强低碳技术的应用，助力碳排放密集型产业实现绿色发展和"去碳化"目标。法国聚焦氢能产业链，形成了"基础研发—配套服务—设备供应—主力厂商"的绿色产业链体系。在制储环节，法液空是全球领

---

① 数据来源于欧盟统计局。

先的氢气生产商和储备商之一；在氢能供给环节，法国电力、恩基等大型能源集团在欧洲工业界享有盛誉；在设备制造环节，迈克菲专注于高压碱性电解槽和加氢站的设计、生产和集成，其制氢和氢能配电设备在全球处于领先地位；在应用环节，空中客车致力于在 2035 年推出零排放氢能源飞机，法国国家铁路公司积极打造氢动力火车，雷诺和标雪等品牌已推出多款氢能源车型。

2. 美国绿色低碳发展实践

美国虽然较英、法等欧洲国家工业化起步较晚，但其把握住了第二次工业革命的历史机遇，跃升为世界政治和经济强国。这种快速的经济扩张不可避免地带来了严重的环境问题。到了 20 世纪 70 年代，美国的环境污染状况已然十分严峻，大气污染、水污染以及固体废弃物的污染问题严重威胁着国家的生存与发展。1970 年起，美国政府开始对环境问题给予高度重视，通过实施一系列环境治理措施，助推绿色低碳的发展进程。

在顶层部署方面，美国多次出台能源与减排相关法案，逐步构建出一个全面的碳减排政策框架。特别是在奥巴马政府执政期间，美国对低碳发展给予了极高的重视，发布"国家应对气候变化行动计划"，明确了减排的重点领域，进一步推动了政策体系的完善。2009年，美国通过了具有里程碑意义的《清洁能源与安全法案》，详细规划了提升能源效率的途径，确立了减少温室气体排放的明确方法，构建了碳交易市场的运作机制，提出发展可再生能源、推动清洁电动汽车及智能电网技术等创新方案，成为美国当时碳减排工作的核心政策导向。2014 年，美国推出了"清洁电力计划"，设定了在 2030 年之前将发电厂的二氧化碳排放量相对于 2005 年的水平削减至少 30% 的明确目标。这一系列针对气候变化的顶层战略规划，有效地引领了美国在碳达峰后迅速实现碳排放减少的过程。2015 年 3 月，美国向《联合国气候变化框架公约》正式提交"国家自主贡献预案"，提出到 2025 年将实现在 2005 年的基础上减少 26%~28% 的温室气体排放。虽然美国政府 2017 年 6 月宣布正式退出《巴黎协定》，但 2021 年拜登上台，宣布重返《巴黎协定》，并制定一系列行业措施应对气候变化推动碳中和进程，试图弥补美国政府在气候政策方面的缺失。

在能源结构优化方面，美国从体制机制层面作出调整，改善能源消费结构、推广可再生能源。在管理体系层面，美国能源部特别设立能源与可再生能源办公室，以引导社区、政府及企业积极自愿采纳可再生能源。在合作机制层面，美国环境保护署牵头建设了绿色电力合作网络，至今已有超过 1300 家企业主体每年自愿采纳数十亿千瓦时的绿色电力（包括太阳能、风能、地热能、生物质能及水电等）。此外，政府还向相关利益方提供技术支持。环境保护署、商务部、能源部、小企业管理局、劳工部及农业部等六大联邦机构联合开展能源、经济和环境（简称"E3"）计划，旨在协助社区和制造商提升竞争力、增加利润，同时减少能源消费、降低对环境的负面影响。与此同时，美国还在核能和其他清洁能源项目上取得进展，通过技术优势推动了玉米乙醇、生物柴油等能源的发展，实现了能源供应的多样化。2010 年美国可再生能源消费量占能源消费总量的比重为 8.2%，2022 年可再生能源和核能等非化石能源消费量占能源消费总量的比重达到 21%①。

在产业实践上，美国自下而上地推进企业自愿减排的模式，激励企业积极开展研发、改造工作，推动行业和产品结构的调整。福特、通用汽车和斯特兰蒂斯等公司组成美国汽车研究委员会（USCAR），合作研究和开发用于车辆电气化、轻量化材料、燃料电池、发动机效率和减排的先进技术；美国化学理事会（ACC）支持一系列提高能源效率、降低温室气体强度、提高回收率和开发应对气候挑战的创新

---

① 数据来源于美国能源信息署。

解决方案等。苹果公司发行绿色债券，用于资助各种环境项目，例如可再生能源、能源效率、绿色建筑和回收利用等。钢铁动力公司（Steel Dynamics）配合国家政策，从美国银行获得了 4 亿美元的绿色贷款，为其位于得克萨斯州的新电弧炉扁轧钢厂提供资金，支持使用可再生能源和回收的废钢生产低碳钢产品。通过政府与企业的相互配合，美国不断降低钢铁、有色金属、建材行业的产能占比，集中发展汽车、航空航天、生物技术、电子信息等高附加值、低消耗的高端制造业；同时，以低能耗、低排放产品替代高能耗、高排放产品，通过产品结构优化降低能源消耗和碳排放。

（二）国内绿色低碳发展实践

党的十八大以来，在习近平新时代中国特色社会主义思想指引下，我国坚持"绿水青山就是金山银山"的理念，坚定不移地走生态优先、绿色发展之路，促进经济社会发展全面绿色转型，建设人与自然和谐共生的现代化，创造了举世瞩目的生态奇迹和绿色发展奇迹，美丽中国建设迈出重大步伐。我国积极推行绿色、循环、低碳的发展理念，将其作为生态文明建设的主要路径。

在顶层部署方面，我国颁布了《工业绿色发展规划（2016—2020 年）》、《绿色制造工程实施指南（2016—2020 年）》以及《绿色产业指导目录（2019 年版）》等一系列旨在推动产业绿色低碳转型的政策文件，为工业绿色低碳转型提供了清晰的规划导向和制度支撑。2020 年 9 月，习近平主席在第七十五届联合国大会一般性辩论上郑重宣布，中国将在 2030 年实现二氧化碳排放达到峰值，并力争在 2060 年实现碳中和的目标。随后，"双碳"目标被正式纳入"十四五"规划和 2035 年远景目标纲要，"双碳"已成为国家层面的重要战略。为了全面贯彻这一战略，我国构建了以《中共中央　国务院关于完整准确全面贯彻新发展理念做好碳达峰碳中和工作的意见》为顶层设计的"1+N"政策体系,辅以《2030年前碳达峰行动方案》以及分领域分行业的实施方案,同时还包括金融、价格、财税等方面的保障措施。自2021年起,国务院发布了《关于加快建立健全绿色低碳循环发展经济体系的指导意见》,工业和信息化部等部门则推出了《工业领域碳达峰实施方案》,并针对钢铁、建材、石化化工、有色金属等行业制定了碳达峰实施方案。此外,国家发展改革委等部门还制定了《高耗能行业重点领域能效标杆水平和基准水平(2021年版)》;工业和信息化部等7部门联合发布《关于加快推动制造业绿色化发展的指导意见》,提出到2030年,绿色工厂产值占制造业总产值比重超过40%,绿色发展成为推进新型工业化的坚实基础。

在能源结构优化方面,我国以节能降碳为目标,从提升工业用能效率、优化工业用能结构两方面入手,推动能源资源配置优化。在工业用能效率提升上,针对重点行业推进节能提效。工业和信息化部等6部门印发《工业能效提升行动计划》,聚焦重点用能行业、重点用能领域和重点用能设备,分业施策,分类推进,系统提升工业能效水平。《重点用能产品设备能效先进水平、节能水平和准入水平(2022年版)》《电机能效提升计划(2021—2023年)》《变压器能效提升计划(2021—2023年)》等政策文件陆续出台,推动高效用能设备加快普及。在工业用能结构优化上,工业绿色微电网、分布式光伏、分散式风电、智慧能源管控一体化系统建设加速推进,丰富工业能源消费种类,2023年绿电交易量达到310亿千瓦时[1],突破300亿千瓦时的年度目标,同比实现翻番。电锅炉、冶金电炉、电窑炉等电能替代技术在钢铁、建材、有色金属、石化化工等重点行业应用范围持续扩大。2023年,我国新能源新增装机容量2.93亿千瓦,同比增长

---

[1] 数据来源于国家电网有限公司。

138.0%，其中风电新增装机 7590 万千瓦，光伏发电新增装机 2.17 亿千瓦[①]。

在产业实践方面，我国从增加绿色低碳产品供给、推进交通工具绿色转型和发展可再生能源装备三方面入手，加快形成产业装备供给优势。在绿色低碳产品供给方面，我国从产品绿色设计入手，探索工业绿色产品发展路径，并持续推进绿色建材试点城市创建和绿色建材下乡行动，截至 2023 年 8 月培育了 344 家绿色设计示范企业，推广了超 2 万种绿色产品[②]。在交通工具绿色转型方面，我国大力推广新能源汽车，并加快发展绿色船舶、航空。截至 2023 年底，全国新能源汽车保有量达 2041 万辆，占汽车总量的 6.07%；其中纯电动汽车保有量 1552 万辆，占新能源汽车保有量的 76.04%[③]。在可再生能源装备方面，我国加快发展绿色工厂与可再生能源产业。截至 2023 年底，我国已在国家层面建成了绿色工厂 5095 家，产值占制造业总产值的比重超过 17%，全年环保装备制造业总产值预计超过 9700 亿元，绿色动能加快释放[④]。

（三）国内外实践对比分析

通过国内外绿色低碳发展实践可以看出，在全球范围内，无论是欧洲、美国还是中国，对绿色低碳发展的重视程度都在不断提升，并在政策制定、产业调整及能源转型等多方面取得了显著进展。然而，各国或地区在推进绿色低碳进程中的侧重点和路径呈现一定的差异。例如，欧洲侧重进行能源结构的转换及推动绿色技术的创新，通过制定一系列法规、策略和计划，与国际伙伴合作，奠定了欧洲绿色转型

---

① 数据来源于国家能源局。
② 数据来源于工业和信息化部。
③ 数据来源于公安部。
④ 数据来源于工业和信息化部。

的基础框架，同时注重能源体系转型，积极探索并开发低碳技术，以"最低可能的成本"实现绿色低碳发展；美国则侧重通过立法及构建市场机制来支撑绿色低碳发展，采用了能源管理体系政策和监管分离的方式，确保能源相关法案的有效执行，并持续推进能源战略，积极发展各类清洁能源；而中国则主要是自上而下通过政策引导、产业转型以及能源体系优化等方面进行了积极探索。

三　新型工业化进程中的绿色低碳发展策略

在我国推进新型工业化的征程中，工业绿色低碳发展显得尤为关键，它不仅是解决资源环境约束瓶颈、推动可持续发展的迫切需求，更是顺应技术进步趋势、推进工业转型与升级的时代课题。在新型工业化进程中，需要从强化责任分工、提高供给水平、优化能源结构等方面着手，厚植新型工业化的绿色底色。

一是强化责任分工，推动政企协同化发展。政府端应落实好政策规划，健全法律法规。深入落实《工业领域碳达峰实施方案》《"十四五"工业绿色发展规划》等政策规划文件，将其任务、目标等融入相关领域中长期规划及其他各项规划，加强各类规划协调衔接，完善工业绿色低碳发展政策环境；制定出台促进工业绿色低碳发展的专门法律法规，构建工业节能监察管理办法等部门规章制度，推动绿色低碳转型规范化、程序化、制度化。企业端应激发主观能动性，主动担当社会责任。央企、国企、行业领军企业发挥好引领带动作用，带动产业链上下游、供应链前末端、大中小企业融通协同减碳。中小企业也应对低碳发展予以足够重视，鼓励其紧随领军企业步伐，从识别市场需求、实施转型策略、深化技术应用等维度，进一步拓宽中小企业绿色发展路径，并积累低碳转型的宝贵经验。

二是提升供给水平，推动应用低碳化发展。党的二十大报告提出，"要发展绿色低碳产业，加快节能降碳先进技术研发和推广应用，推动形成绿色低碳的生产方式和生活方式"。加快绿色技术推广，激发既有产能节能潜力是节能减排的主要措施，也是节能减排最重要的支撑。我们应统筹资源加快对绿色低碳产业关键环节的技术攻坚，通过实施绿色循环新兴产业培育工程，壮大节能环保、生物基材料、新能源等战略性绿色新兴行业，确保优质产品供应。一方面，加大绿色制造整体解决方案的供给和推广力度，孵化一批质量上乘、效率卓越、业务精湛的绿色制造服务企业，通过规划设计、诊断咨询、系统集成、设施建设、运营管理等环节，为工业企业提供集设计、制造、服务于一体的综合解决方案，形成绿色制造与服务深度交融的产业新模式。另一方面，不断优化绿色制造与服务体系的结构，动态分级选择绿色工厂、低碳工业园区、环保供应链以及绿色设计标杆企业等，为各类主体提供可借鉴、可应用的实践范例，有效促进工厂、园区等加快绿色化转型步伐，持续构建绿色增长的新动力源。

三是优化能源结构，推动产业绿色化发展。应鼓励传统制造行业深耕细分市场，孵化新技术，探索新领域，培育新产业。持续推进"去产能"成果，依法淘汰过时产能，坚决抑制高能耗、高排放项目的盲目发展，有序推动重点行业煤炭使用的减量替换，引导工业用气合理增长。同时，深度改良工艺流程，推动现有产业的节能减排升级。针对高能耗、高排放项目，完善管理体制，科学细化管理目录，避免对制造业进行"一刀切"的分类管理。落实工业和有色金属、建材等关键领域的碳达峰方案，完善工业节能监管体系，推动节能减碳技术革新。重点推动钢铁、石化化工、建材等关键传统行业的节能减排与绿色转型，推进实施清洁能源项目，提升企业能效，实现全链条及产品全生命周期的绿色转型，推动绿色采购、绿色制造、绿色消费、绿色管理等多方面的发展。

四 结束语

在当前全球经济发展与环境保护相互交织的大背景下，绿色发展已然成为破解资源环境约束、推动经济高质量发展的必然选择。它不仅关乎生态文明建设的长远布局，亦是国家竞争力的重要体现。近年来，我国在工业领域大力推进绿色发展，通过政策引导、技术创新等多种手段，取得了一定的成效，但相对国外发展经验路径，仍面临着不少挑战与问题。下一步，我国应强化政策支持和激励机制，完善绿色发展的法律法规体系，提高企业的绿色转型意愿和能力，优化产业结构和能源结构，淘汰落后产能，推广绿色低碳生产方式，推动产业向高端化、智能化、绿色化转型，确保 2030 年前在工业领域实现碳达峰。

参考文献

杨成玉：《欧盟绿色发展的实践与挑战——基于碳中和视域下的分析》，《德国研究》2021 年第 3 期。

陈新、杨成玉：《欧洲能源转型的动因、实施路径和前景》，《欧亚经济》2022 年第 4 期。

李强：《欧盟出台"绿色协议产业计划"》，《人民日报》2023 年 2 月 7 日。

吕晓蓓、陈婷、丁洁芳：《欧洲国家绿色低碳政策机制对我国的启示》，《城市规划学刊》2022 年第 Z1 期。

刘小芳、张向前：《美国绿色经济对上海市绿色经济高质量发展的启示》，《科技和产业》2022 年第 10 期。

梅玉倩：《全球能源转型背景下德国与美国清洁能源转型路径比较研

究》，华东师范大学硕士学位论文，2023。

洪群联：《我国产业链供应链绿色低碳化转型研究》，《经济纵横》2023 年第 9 期。

王大伟、孟浩、曾文等：《"双碳"视角下欧美日绿色发展战略研究》，《全球科技经济瞭望》2022 年第 5 期。

《全面推广绿色制造，加快工业绿色低碳发展——2024 年推动工业和信息化高质量发展系列述评之五》，《中国电子报》2024 年 1 月 16 日。

李继峰、常纪文：《我国工业低碳转型的基础、路径与政策——历史述评与未来思考》，《城市与环境研究》2023 年第 2 期。

B.2
中国方案助力全球绿色低碳转型
探索与实践

孟琦 师丽娟 孙玉龙*

摘 要: 绿色低碳已成为全球可持续发展的重要一环,是应对气候变化的重要手段,也是世界各国主要合作领域之一。当前,全球绿色发展进程正在全面推进,各主要国家和地区优先从制度立法层面筑牢绿色发展顶层设计。我国坚持走生态优先、绿色低碳发展道路,从发展清洁能源项目、推广节能提效技术、促进资源循环利用、发挥数字赋能效用等方面向全球贡献中国智慧。然而,各国和地区绿色发展也面临着见效慢、投资大、合作难等挑战,亟须进一步夯实绿色发展基础,持续开展绿色实践,绘制全球绿色共赢新篇章。

关键词: 绿色低碳 清洁能源 节能提效 循环利用 数字赋能

绿色低碳已成为全球可持续发展的重要一环,是应对气候变化的重要手段,也是世界各国主要合作领域之一。当前,全球绿色发展进程正在全面推进,制度规范逐步完善,技术创新持续突破,产业应用

---

* 孟琦,国家工业信息安全发展研究中心信息化所高级工程师,从事"双碳"、两化融合、数字化转型等相关领域研究;师丽娟,博士,国家工业信息安全发展研究中心信息化所高级工程师,从事"双碳"、两化融合、工业互联网、数字化转型等相关领域研究;孙玉龙,国家工业信息安全发展研究中心信息化所高级工程师,从事"双碳"、两化融合、数字化转型等相关领域研究。

不断加强，国际合作日益深化，各国政府、企业和公众共同努力，推动绿色发展，应对气候变化，为实现可持续未来奠定了坚实基础。

一　主要国家和地区以制度立法筑牢绿色发展顶层设计

全球已有超过 130 个国家和地区对碳中和目标作出承诺，各国和地区都在积极探索适合自身情况的绿色发展路径，将达标时间和措施具体化，优先从制度立法层面筑牢绿色发展顶层设计。

（一）欧盟以气候行动为切入推进绿色低碳发展

欧盟绿色发展立法进程大致分为四个阶段：第一阶段 2020 年发布《欧洲气候法》草案，明确了 2030 年、2050 年减排目标，将《欧洲绿色协议》（2019 年）绿色转型目标上升至法律层面，为后续工作推进提供法律遵循；第二阶段 2021 年先后围绕能源、工业、交通、建筑四大高排放领域提出"减排 55%"的一揽子政策法案，为减排目标规划具体路径；第三阶段 2022 年发布 REPowerEU 计划，加快能源对俄"脱钩"步伐，以全员节能提效、能源结构优化、全球能源供应、加大能源投资等方式保障能源供应安全；第四阶段 2023 年以《绿色协议产业计划》统筹布局净零技术、关键原材料、产业投资、技术创新、贸易服务等方面绿色发展。

（二）美国着重采取能源战略保障产业可持续发展

美国早在 2005 年就颁布了《能源政策法案》，布局可再生能源发展；2007 年《能源独立和安全法案》、2009 年《美国清洁能源安全法案》提出减少对进口能源的依赖性，减少温室气体排放，保障供应安全；2014 年《综合能源战略是实现可持续经济增长之路》将低碳技术、清洁能源的未来发展作为能源战略支点；2020年《关键技术和新兴技术国家战略》《氢能计划发展规划》将能源技术确定为20个重点技术领域之一，提出未来10年及更久时期的氢能研究、开发、示范总体框架；2022年《通胀削减法案》正式生效，美国将在气候和清洁能源领域投资约3700亿美元，用于支持本土企业在电动汽车、关键矿物、清洁能源及发电设施等方面的生产和投资。

（三）日本以清洁电气化推进产业、社会零碳发展

日本2008年制定/2013年修订《环境能源技术革新计划》，提出要开发太阳能、地热等清洁发电方式；2009年《未来开拓战略》提出低碳能源、环保车、低碳交通、再生资源回收利用等领域的相关政策目标；2013年《科学技术创新综合战略》提出建设清洁、经济的能源系统，利用革新性技术扩大可再生能源供应，《日本再复兴战略》将氢能上升为国家战略；2016年《能源环境技术创新战略2050》提出温室气体减排和构建新兴能源体系的目标与战略；2018年《第五期能源基本计划》提出提高零排放电力比例、降低二氧化碳排放量、降低电力成本等目标；2020年制定/2021年修订的《2050年碳中和绿色增长战略》，明确了碳中和发展目标，提出海上风电、氢/燃料氨等14项产业的战略定位及路线图。

（四）中国多位一体全面推进经济社会绿色转型

2020年9月，习近平主席在第七十五届联合国大会一般性辩论上郑重宣布，中国将力争于2030年前实现碳达峰，努力争取2060年前实现碳中和。2021年《中共中央 国务院关于完整准确全面贯彻新发展理念做好碳达峰碳中和工作的意见》《2030年前碳达峰行动方案》印发，对"双碳"工作进行系统谋划和总体部署，从调整产业结构、能源清洁低碳、低碳交通运输等10个方面部署了31项重点任

务，围绕碳达峰制定了能源转型、节能降碳、工业领域碳达峰等十大行动计划。各有关部门陆续出台 12 份重点领域、重点行业实施方案和 11 份支撑保障方案，31 个省（区、市）制定了本地区碳达峰实施方案。"双碳"政策体系构建完成并持续落实①。2022 年《工业领域碳达峰实施方案》提出建立以高效、绿色、循环、低碳为重要特征的现代工业体系，部署 6 项重点任务及 2 项重大任务；《城乡建设领域碳达峰实施方案》提出建设和打造绿色低碳城市、县城和乡村；《建材行业碳达峰实施方案》《有色金属行业碳达峰实施方案》针对行业提升绿色低碳发展水平；《建立健全碳达峰碳中和标准计量体系实施方案》围绕应用领域和应用场景，构建碳达峰碳中和标准计量体系总体框架，支撑碳达峰碳中和总体目标。

二 中国方案助力全球绿色低碳转型

中国妥善处理发展和减排的关系，坚持走生态优先、绿色低碳发展道路，在经济发展中促进绿色转型，在绿色转型中实现更大发展，以大国担当为全球贡献中国智慧。

（一）清洁能源项目助力全球能源转型

从需求端来看，能源转型对推动产业升级具有重要意义。一方面，化石燃料的有限性和不可再生性使能源转型成为必然，且化石燃料的使用过程中会产生并排放大量的温室气体，进一步加重环境负担，通过能源转型可减少对传统能源的依赖、降低产业风险。另一方面，人工智能等新兴产业蓬勃兴起，对算力保障提出了更高要

---

① 数据来源于国家发展改革委 2023 年全国生态日主场活动生态文明重要成果发布会情况公布。

求，推动数据中心耗电量持续提升，如果仅依靠传统能源难以满足用能需求，且能源利用效率偏低，造成资源浪费，新能源可为产业提供稳定可持续的能源供应，支撑产业快速发展。从供给端来看，新能源技术和装备制造水平可匹配产业需求。中国在新能源领域的投资总额持续增长，2023 年新能源完成投资额同比增长超过 34%[1]，推动新能源技术和产品持续创新。中国积极融入全球新能源产业链。当前，我国已建成世界上最大的清洁电力供应体系，新能源汽车、锂电池和光伏产品等在国际市场上也形成了强大的竞争力，新能源发展已经具备了良好基础。

中国在全球清洁能源发展中发挥着举足轻重的作用，中国能源转型与世界能源转型形成了休戚与共的同频关系。2021 年 9 月，中国在第七十六届联合国大会上宣布将不再新建境外煤电项目，并将积极推动和支持发展中国家的能源绿色低碳发展。中国是全球能源转型的方案供应者，2023 年全球可再生能源新增装机 5.1 亿千瓦，其中中国的贡献超过 50%；2014 年中国可再生能源装机总量占全球总量的24.4%，2023 年增加至 37.6%，十年间稳步提升了 13.2 个百分点，如图 1、图 2 所示[2]；中国风电、光伏产品已经出口到全球 200 多个国家和地区，累计出口额分别超过 334 亿美元和 2453 亿美元[3]。中国也是国际清洁能源合作的重要参与者，国家能源局通过全球清洁能源合作伙伴关系、"一带一路"能源合作伙伴关系等合作平台和IRENA、IEA、G20、APEC 等多边组织及几十个双边能源合作机制深化与各国和地区的清洁能源合作，取得了良好成效，中国已成为世界能源发展转型和应对气候变化的重要推动者。在巴基斯坦兴建的卡洛

---

① 数据来源于《国家能源局举行 2024 年一季度新闻发布会》。

② 根据国际可再生能源署（IRENA）RENEWABLE CAPACITY STATISTICS 2024 公布的数据测算。

③ 数据来源于《国家能源局举行 2024 年一季度新闻发布会》。

特水电站每年可提供约 32 亿千瓦时的清洁电能，可满足约 500 万人口用电需求，每年可减少二氧化碳排放量 350 万吨①。

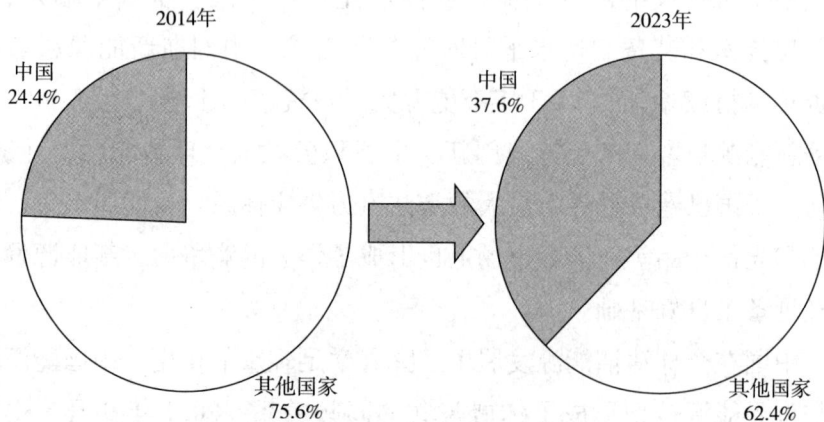

图 1　全球可再生能源装机总量中国及其他国家占比

资料来源：国际可再生能源署（IRENA）。

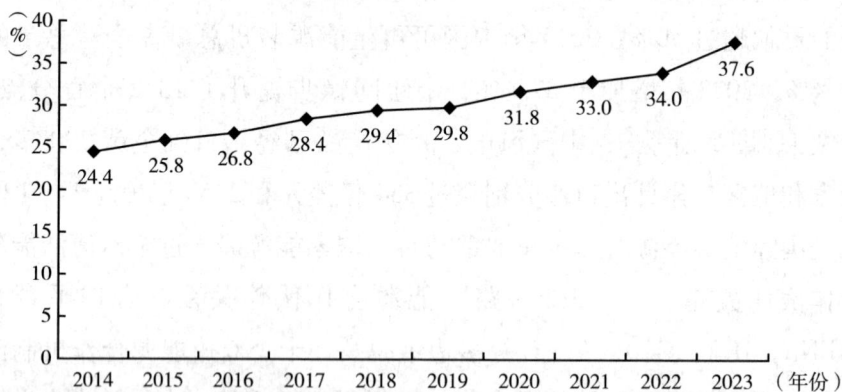

图 2　2014~2023 年全球可再生能源装机总量中国占比

资料来源：国际可再生能源署（IRENA）。

---

① 《绿色基建　走向世界》，《人民日报》（海外版）2023 年 11 月 8 日。

（二）先进节能提效技术推进过程降碳

工业领域是碳排放的主要来源，在工业生产过程中，开展技术创新和流程再造是实现产业转型升级的关键，也是推进产业降碳减排的主要抓手。钢铁、建材、石化化工、有色金属等行业生产过程中产生的碳排放占比较高，通过研发减排降碳工艺技术，实施工业流程的低碳零碳再造，推进绿色低碳关键共性技术研发攻关和推广应用，以促进生产过程深度脱碳，创新赋能全产业链控碳减排，实现工业行业碳排放总量的有效管控。

为加快推动高效节能技术装备的推广应用，促进企业节能降碳、降本增效，工业和信息化部自 2017 年起持续开展《国家工业和信息化领域节能技术装备推荐目录》（旧称《国家工业节能技术装备推荐目录》）编制与发布工作，推荐能效水平先进、技术成熟可靠、节能经济性好、推广应用潜力大的技术产品，特别是达到国际先进水平、能够实现全流程系统节能提效的关键核心技术等。中国绿色技术装备和产品供给能力显著增强，环保装备领域专利数量达到世界第一，高效燃煤锅炉、高效电机、膜生物反应器、高压压滤机等装备技术已经达到国际领先水平，煤炭清洁高效加工及利用、烟尘超低排放、再制造等技术取得显著突破，固废处理处置装备、环境监测仪器仪表领域技术水平和产业供给能力均实现了快速提升。

一直以来，钢铁工业长流程工艺占主导地位，然而以废钢为原料的电炉短流程炼钢与以铁矿石为原料的"高炉—转炉"长流程炼钢相比，吨钢可减少 1.6 吨二氧化碳排放及 3 吨固体废弃物，绿色效益明显，以工艺流程变革实现减排降碳意义深远。应积极推进全废钢电炉流程集成优化技术、富氢或纯氢气体冶炼技术、钢—化一体化联产技术、高品质生态钢铁材料制备技术等的研发应用，进一步助力全球钢铁行业低碳零碳发展。化工行业也是降碳脱碳的重点领域，2014 年，中国与乌兹别克斯坦签署"纳沃伊聚氯乙烯 PVC、烧碱和甲醇生产综合体建设项目"，中国石化集团重庆川维化工有限公司作为项目核心乙炔装置的专利许可商，为其提供先进技术专利，项目投产后给乌方带来了良好的经济效益，也推动着国家绿色工业的发展。

（三）循环发展推动再生资源综合利用

发展循环经济具有显著的资源节约和碳减排协同效应，推动再生资源与工业固废循环化、综合化利用，助力行业减污降碳。联合国设立 3 月 30 日为"国际零废弃物日"，引导各国向促进可持续生产与消费模式的绿色经济和循环经济转型。中国国务院办公厅 2024 年 2 月印发《关于加快构建废弃物循环利用体系的意见》，明确提出到 2030 年，要建成覆盖全面、运转高效、规范有序的废弃物循环利用体系，各类废弃物资源价值得到充分挖掘，再生材料在原材料供给中的占比进一步提升，资源循环利用产业规模、质量显著提高，废弃物循环利用水平总体居于世界前列。国家发展改革委联合 5 部门于 2023 年 7 月印发《关于促进退役风电、光伏设备循环利用的指导意见》，提出要积极构建覆盖绿色设计、规范回收、高值利用、无害处置等环节的风电和光伏设备循环利用体系，补齐风电、光伏产业链绿色低碳循环发展最后一环，助力实现碳达峰碳中和。

有色金属具备可重复循环利用的特点，可通过废旧金属制品（如报废汽车、废弃电子器件、废电线电缆等）和工业生产过程中的金属废料进行回收炼制，得到再生有色金属及其合金。2012 年，我国再生铜、铝、铅、锌总产量为 1039 万吨，到 2023 年，全国再生有色金属产量达 1770 万吨[①]，占国内 10 种有色金属总产量（7469.8 万吨）的 23.7%[②]。对煤矸石、粉煤灰、尾矿、工业副产石膏、冶炼渣等工业固废进行有价组分梯级回收，利用固废制备新材料，生产绿色建材等产品，实现"变废为宝"。重点行业也在积极开展固废再生替代原材料研发生产，探索资源化利用途径。"十三五"期间，我国累计综合利用各类大宗固废约 130 亿吨，减少占用土地超过 100 万亩，提供了大量资源综合利用产品[③]。我国已开展对部分退役风机设备的回收再利用工作，江苏某企业对 100 多种退役风机的电器件进行回收再利用及贵金属的回收，有效避免了资源浪费和环境破坏，还有利于减少相关资源的进口依赖，防范原材料供给风险。新能源汽车退役动力电池经过专业的拆解、铣削、分容等工序后，组成新的电池包，可以用于电动自行车或储能项目上。

（四）数字技术赋能工业全流程碳管理

工业领域积极推进数字化转型，为碳管理提供了稳定的基础保障和技术。面对复杂多样的工业生产场景，不同产品和工艺流程的碳排放特点不尽相同，在生产制造、经营管理、供应链协同等典型场景，当前我国尚无统一的标准模型实现碳排放数据的智能分析与决策支撑，开展全流程精细化碳管理仍存在一定难度。针对此类痛点问题，电力、钢铁等行业部分龙头企业已逐步整合数字化部门与碳管理部门资源，共同开展技术攻关，结合企业生产特点开展碳排放自动监测、统计核算与智能分析，掌握各环节的碳排放规律与特性，深入挖掘降碳潜力与具体路径，赋能产业应用，推进重点排放环节的监控管理、

---

① 《2023 年我国主要再生有色金属品种产量达 1770 万吨》，新华网，2024 年 2 月 14 日。

② 数据来源于国家统计局 2022 年工业产品产量统计测算。

③ 数据来源于《关于"十四五"大宗固体废弃物综合利用的指导意见》。

碳效对标、降碳改造等。构建多维度预测模型，还可供区域、部门、行业等开展用能及排放评价诊断、加速能源转型战略研究、推进新能源供应消纳、研判低碳节能技术发展情况等，助力政府预判趋势与科学决策。

我国浙江省湖州市率先开展了区域工业碳效改革探索，推动数字化智能化绿色化深度融合，打造工业经济绿色高质量发展新引擎。2021年，湖州市汇总分析了来自统计、经信、电力等部门提供的14类2300余万条数据，涉及33个行业381个细分子行业和3800家规上企业，提出评价企业碳排放水平的指标——碳效值。结合企业碳效值结果，湖州市建立了算法模型，应用防篡改的识别方法及系统、数智化跟踪技术等创建了企业"碳效码"标识，实现了全域规上企业碳效评价赋码。同时，搭建了"碳效码"服务平台，从企业、行业、区域等不同层面实现工业碳效情况的"立体画像"，工业企业可查询了解自身"画像"结果进行转型升级，政府部门可掌握区域内规上企业碳效水平情况进行分类施策。

截至2023年8月，"碳效码"使用范围已从湖州市扩大到浙江省11个地市4.9万家规上企业，已累计为398家高碳低效企业实施"碳效+能效服务"，开展绿色技改项目500余项，推动244家企业进行清洁生产审核、612家绿色工厂完成"提质升星"，促进区域经济运行绿色程度进一步提高。开发的"碳效贷""碳惠贷""碳改贷"等金融产品，累计服务企业1900家，发放贷款4090笔，共计215.8亿元，有效撬动社会资本投向工业低碳发展领域。一系列工业碳效改革措施的推进，预计每年可推动工业降碳500万吨以上①。

---

① 《瞭望丨湖州探索工业碳效改革》，新华社客户端，2023年8月14日。

三　全球绿色发展仍面临问题挑战

（一）政策提出到落地需要政府、企业、个体等多方协同推进

绿色发展政策规划从研制提出到执行落地需要多方协同努力、共同推进，其中政府要充分考虑绿色政策和其他政策之间的关联性和互动性，形成有机的政策体系，妥善处理好系统内部各要素、各层次之间的关系，并提供必要的保障资源，以整体观念推进政策的统筹安排和执行监督。企业和个体作为绿色发展政策实施与落地的主体，在认可和接受绿色发展理念的基础上，需要进一步理解并支持政策的执行推进，制定有效的绿色发展策略，综合调动各类资源，加大技术创新投入，培育绿色生活方式，形成绿色发展良性循环。

（二）绿色发展项目投资金额大、风险系数高、回报周期长

绿色发展是一项长期系统性工程，绿色项目因其投资金额大、回报周期长、技术关联度高等因素，存在一定的风险和不确定性。通常而言，绿色发展项目需要大量的资金投入，包括研发、建设、运营等多个阶段，对于投资者来说，需要政府给予一定的税收优惠、补贴政策、贷款支持等，以降低投资成本和风险。同时，绿色发展项目往往涉及跨行业合作、基础设施建设、生态保护、资源循环利用等多个领域，相关技术的发展和应用仍处于不断探索和成熟完善的过程中，存在一定的技术风险且需要较长的时间来完成，项目投资很难在短期得到回报，更加需要考虑到市场的成熟度和接受度。

（三）国际绿色合作受政治、经济、技术等多方面影响

中国始终秉持认真履行国际义务的良好姿态，推动构建公平

合理、合作共赢的全球气候治理体系，与国际社会携手应对气候变化挑战。然而，在具体实践中，国际合作会受到政治、经济、技术等多方面的影响。首先，不同国家的政治体制、法律法规、环保标准等存在差异，绿色低碳领域难以形成统一的标准和规范，这种差异可能导致合作双方在政策协调、法规对接等方面面临困难。其次，绿色低碳技术的研发和应用往往涉及巨大的经济利益，一些国家可能出于保护本国产业和市场的考虑，对国际合作持谨慎态度，甚至采取保护主义措施，这会阻碍国际合作的深入推进。最后，不同国家在绿色低碳技术方面的发展水平和创新能力存在差异，一些国家可能缺乏先进的技术和创新能力，导致在国际合作中难以提供有价值的贡献，技术转移和知识产权保护等问题也可能成为合作的障碍。

四 结束语

绿色是全球可持续发展永恒的底色，世界上各个国家和地区都是命运共同体的关键一环，在推动自身经济社会发展、夯实绿色发展基础、实现绿色转型的同时，需进一步推进绿色发展国际交流与合作，持续开展绿色探索与实践，为推动全球气候治理作出积极贡献，合力绘制全球绿色共赢新篇章。

参考文献

王强：《欧盟绿色转型的进程、特点及中国应对建议》，《中阿科技论坛》（中英文）2024 年第 1 期。

王大伟、孟浩、曾文等：《"双碳"视角下欧美日绿色发展战略研究》，

《全球科技经济瞭望》2022 年第 5 期。

张锐：《中国"风光"激发全球绿色动能》，《光明日报》2024 年 3 月 18 日。

董战峰、冀云卿：《中国绿色发展十年回顾与展望》，《科技导报》2022 年第 19 期。

《绿色低碳技术合作惠及"一带一路"共建国家》，中华人民共和国国务院与新闻办公室，2023 年 11 月 8 日。

B.3
我国数字化碳管理现状与趋势研究

师丽娟　张宏博　孟琦*

摘　要：　数字技术基于提升能源利用效率、革新工艺技术、创新管理模式等方式，积极赋能碳管理。发达国家在碳中和战略中纷纷布局数字技术应用，我国在重要顶层设计规划中，也纳入建立数字化碳管理体系相关内容，积极推进数字化碳管理。当前，我国数字化碳管理已取得初步成效，利用工业互联网、云计算等数字技术有效支撑工业碳监测，提升监测精准时效性；数字孪生、人工智能等技术赋能绿色低碳实践活动，探索绿色研发、绿色生产供应、绿色循环等能力提升；数字技术赋能碳捕集、封存、利用工业示范应用成效初显。我国数字化碳管理将在管理体系构建完善、企业内生动力发挥、核心技术协同攻关、安全保障等方面持续深入推进。

关键词：　碳管理体系　数字化碳管理　碳达峰　碳中和

---

* 师丽娟，博士，国家工业信息安全发展研究中心信息化所高级工程师，从事"双碳"、两化融合、工业互联网、数字化转型等相关领域研究；张宏博，博士，国家工业信息安全发展研究中心信息化所工程师，从事"双碳"、两化融合等相关领域研究；孟琦，国家工业信息安全发展研究中心信息化所高级工程师，从事"双碳"、两化融合、数字化转型等相关领域研究。

一 国内外数字化碳管理战略布局

（一）主要发达国家数字技术赋能碳管理主要做法

随着气候变化与环境污染给人类生存发展带来严峻挑战，越来越多的国家意识到碳管理的重要性，并自愿履约相关制度约束。1992年，联合国环境与发展大会通过《联合国气候变化框架公约》，要求成员国有区别地开展温室气体排放控制。2015年底，第21届联合国气候变化大会通过了《巴黎协定》，主要目标是控制全球气温的持续上升，努力控制上升幅度在工业革命前的水平。在两项国际性制度引导带动下，更多国家主动制定碳减排相关制度规划，欧盟于2019年率先发布《欧洲绿色协议》，提出到2050年整个欧洲地区实现碳中和，并于2021年6月通过了《欧洲气候法案》。随后，中国、美国等国家和地区纷纷作出碳减排承诺。发达国家具有深厚的工业发展基础，在碳中和方面率先迈出一步并取得一定成效。发达国家在探索实践市场机制管理和减碳技术应用方面，均领先于发展中国家。数字化和绿色化是全球经济转型发展的重要趋势，将引领打造新产业经济形态、新的发展模式、新的商业模式等，将成为传统经济发展模式向循环创新经济发展模式转变的重要推动力量。数字技术和数字化转型正成为主要经济体实现碳中和的主要抓手。

美国在推进本国净零排放目标整体过程中高度重视数字技术的融合应用，围绕数据、标准、技术、资金等制定了丰富的政策工具，初步建立了科学合理、协调有力的政策方案，推动数据基础建设、关键技术在重点行业减碳脱碳的应用。《2020年能源法案》部署了数据和智能技术在重点领域的应用行动，面向数据中心、智能电网、核能开发等设计布局了重点减排行动。2021年，美国联邦政府出台《基础设施投资和就业法案》，提出实施国家能源建模系统，基于人工智能、数字传感等智能技术优化能源生产和使用方案，形成数字化气候解决方案。美国能源部发布《工业脱碳路线图》和《美国国家交通脱碳蓝图》，在数字技术相关的基础建设、关键技术、应用路径等方面进行布局，助力工业脱碳、交通脱碳。

欧盟等利用数字技术促进行业脱碳和可持续发展纳入投融资、研究创新、国际合作等政策，释放明确政策信号，鼓励企业通过数字化转型提高应对气候变化的能力。欧盟委员会高度重视数字化、绿色化发展，制定了一系列转型战略举措，建立了欧盟数据共享框架，支持能源数字化创新发展，并强调两者的协同发展。《能源系统数字化行动计划》提出能源系统数字化的关键行动，包括建立数字化、绿色化的弹性能源系统；加强数字基础设施建设，提升数字化服务水平；控制数据中心等信息通信行业能耗等主要内容。

英国在挖掘数字技术赋能脱碳创新方面，将数字技术视为应对零碳计划的核心力量，在能源低碳发展、供应链创新发展、交通脱碳发展等方面，出台行动战略规划。在《迈向净零排放的能源系统数字化：2021 年战略和行动计划》《工业脱碳战略》《交通脱碳：更好、更绿色的英国》等重要规划中，强调数据系统、数字化解决方案的积极赋能作用。英国大力推进人工智能技术脱碳应用，《人工智能助力脱碳创新计划》设立人工智能助力脱碳项目，最大限度地促进人工智能脱碳解决方案的技术应用，进一步增强脱碳效益。

日本政府十分强调绿色化与数字化的双轮驱动，即高度重视利用新一代数字技术、人工智能、物联网和数字基础设施支撑绿色转型。《革新环境技术创新战略》强调基于数字技术建设新型电网，开发先进的能源控制技术；《第六次能源基本计划》提出要充分基于数字技术提升供应链的物流效率、能源使用效率和能源系统安全性等；《巴黎协定下的长期战略》提出利用人工智能等技术改善运输、建筑、交通等行业碳排放。此外，《2050 年碳中和绿色增长战略》提出重点行业的碳中和目标和重点任务，对建设绿色数据中心、研发绿色数字技术等进行部署安排。

德国、法国、韩国等也高度重视本国数字碳中和方案开发和推广，通过试点示范、人才培育、服务供给等政策工具全方位深化各行业数字化减碳应用，为更好地释放数字技术减碳效应、促进气候目标实现积极布局。

（二）中国数字化碳管理的主要战略布局

我国高度重视数字化转型对绿色发展的积极促进作用，将数字化和绿色化协同发展作为实现"双碳"目标的关键战略布局。2021 年 10 月，《中共中央　国务院关于完整准确全面贯彻新发展理念做好碳达峰碳中和工作的意见》发布，提出加强重点用能单位能耗在线监测系统建设，加强二氧化碳排放统计核算能力建设，提升信息化实测水平，提升数据中心、新型通信等信息化基础设施能效水平。2021 年 10 月，国务院印发《2030 年前碳达峰行动方案》，推进工业领域数字化智能化绿色化融合发展，加强重点行业和领域技术改造。《"十四五"工业绿色发展规划》提出加快人工智能、物联网、云计算、数字孪生、区块链等信息技术在绿色制造中的应用，以数据为驱动提升行业绿色技术创新、绿色制造和运维服务水平。《科技支撑碳达峰碳中和实施方案（2022—2030 年）》提出深度融合大数据、5G 等新兴技术，引领高碳工业流程的零碳和低碳再造与数字化转型。《信息通信行业绿色低碳发展行动计划（2022—2025 年）》《贯彻落实碳达峰碳中和目标要求推动数据中心和 5G 等新型基础设施绿色高质量发展实施方案》《新型数据中心发展三年行动计划（2021—2023 年）》指出建设绿色基础设施和绿色产业链供应链等，推动信息通信行业绿色低碳高质量发展。

二　数字化碳管理体系架构

科学有效的碳管理需要贯穿于碳全生命周期，就工业领域而言，碳排放几乎融于生产和管理过程的全环节，改进技术、提高生产设备效率、改善工艺、提升内部管理水平和排放信息披露水平等是当前碳管理的一些主要做法。从碳的全生命周期规律出发，结合管理主要路径方法，可以认为，从流程上讲，碳管理是涵盖碳监测、碳减排、碳移除、碳资产等过程管理的综合管理体系，其中碳监测、碳减排、碳移除是碳排放管理的核心对象与内容，碳资产管理是碳管理的有效补充，是激发碳排放管理内生动力、保障碳管理长期可持续执行的关键要素，在碳管理的关键核心 4 个环节中，每一部分都涉及管理的主体与客体，具体如图 1 所示。

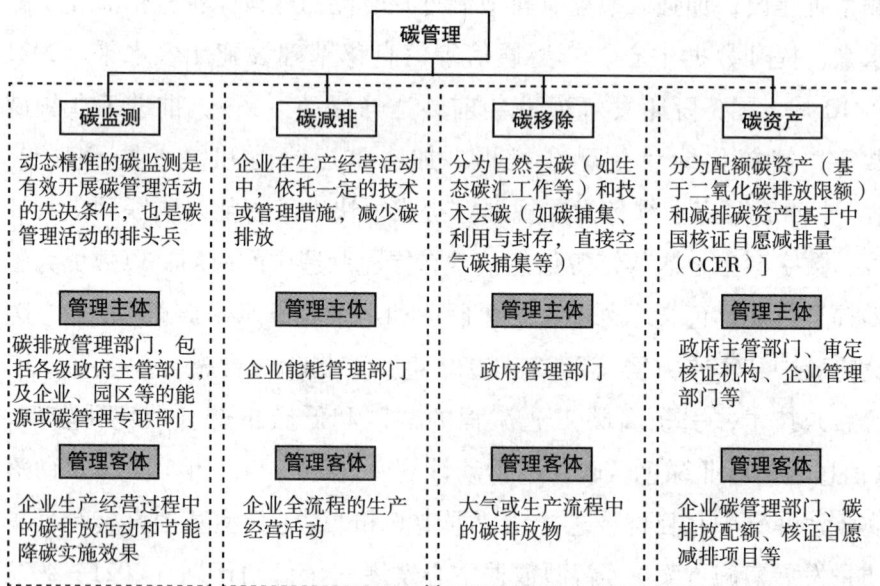

碳管理			
碳监测	**碳减排**	**碳移除**	**碳资产**
动态精准的碳监测是有效开展碳管理活动的先决条件，也是碳管理活动的排头兵	企业在生产经营活动中，依托一定的技术或管理措施，减少碳排放	分为自然去碳（如生态碳汇工作等）和技术去碳（如碳捕集、利用与封存，直接空气碳捕集等）	分为配额碳资产（基于二氧化碳排放限额）和减排碳资产[基于中国核证自愿减排量（CCER）]
管理主体	**管理主体**	**管理主体**	**管理主体**
碳排放管理部门，包括各级政府主管部门，及企业、园区等的能源或碳管理专职部门	企业能耗管理部门	政府管理部门	政府主管部门、审定核证机构、企业管理部门等
管理客体	**管理客体**	**管理客体**	**管理客体**
企业生产经营过程中的碳排放活动和节能降碳实施效果	企业全流程的生产经营活动	大气或生产流程中的碳排放物	企业碳管理部门、碳排放配额、核证自愿减排项目等

图 1　碳管理体系架构

在碳管理过程中，数字技术在提升能源利用效能、创新生产模式和业务模式、促进绿色低碳生活方式等方面的作用被广泛认知和挖掘。企业数字化转型可以通过提高企业的技术创新水平、内部控制水平和环境信息披露水平来显著降低碳排放强度。数字化碳管理通过充分发挥新一代数字技术与碳管理体系架构的耦合效应，以数字技术驱动碳管理创新发展，充分发挥数字技术在碳监测、碳减排、碳移除及碳资产交易等方面的创新驱动潜能，通过碳相关组织管理与业务管理的数字化变革，促进碳管理组织模式、业务流程优化，实现企业绿色可持续发展价值成效与核心竞争力提升。

三 数字化碳管理现状分析

（一）"表单式报告"是企业碳监测管理主要方式，实时在线监测碳相关数据企业比例不高

当前，我国工业碳监测体系尚未健全，监测模式仍具有较强的人为性和滞后性，主管部门碳管理的主要依据来自企业提交的年度碳排放报告，数据往往具有较强的滞后性。实时获得真实准确的碳排放数据，是制定科学碳排放管理举措的重要前提。传统人工报表式的逐级上报方式使数据在时效性方面得不到充分保障。工业互联网、云计算等数字技术有效支撑工业碳监测、核算、报告及核查工作，进一步提升监测精准时效性。当前我国工业企业在绿色监测方面以能源监测和环保数据监测为主。截至2023年12月底，我国已有22%的工业企业应用数字化手段实现能源在线实时监控管理，同比提升3.4个百分点，为基于能耗活动的碳排放核算提供了重要支撑；18%的企业实现环保数据在线实时监控（见图2），同比提升3个百分点。

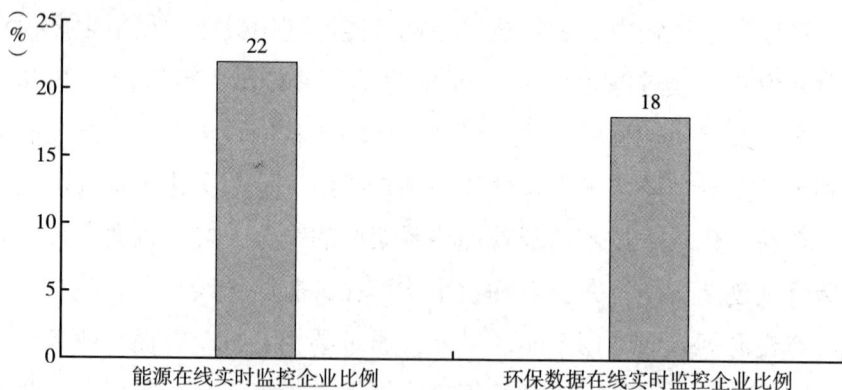

图 2　数字化碳监测企业比例

资料来源：两化融合公共服务平台统计监测。

（二）碳管理分散于重点业务环节，产品全生命周期绿色碳管理的企业占比仅为1/10左右

碳排放贯穿于工业产品全生命周期，工业领域通过低碳技术研发应用、改进生产工艺、加强能源消耗管理、优化调整用能结构、加强资源循环利用、实行强制性清洁生产、提高产品质量和合格率等措施减少碳排放。工业领域的技术研发、模式创新、工艺改进、制造环节有效集成、回收利用是生产流程减排的重要途径。当前我国工业领域数字化转型工作已积累一定成效，为数字化碳减排管理提供了重要基础，企业依托大数据、5G、工业互联网、数字孪生、人工智能等技术开展绿色低碳实践活动，探索提升绿色研发、绿色生产供应、绿色循环等能力，但整体来看，从产品全生命周期出发的系统性碳管理机制尚待完善。截至 2023 年底，我国数字技术赋能产品全生命周期绿色管理的企业比例为 10%，从各重点关键环节来看，数字技术赋能绿色研发设计企业比例为 37%，数字技术赋能绿色工艺创新企业比例为 31%，数字技术赋能绿色制造企业比例为 12%，数字技术赋能综合回收利用企业比例为 22%（见图 3）。

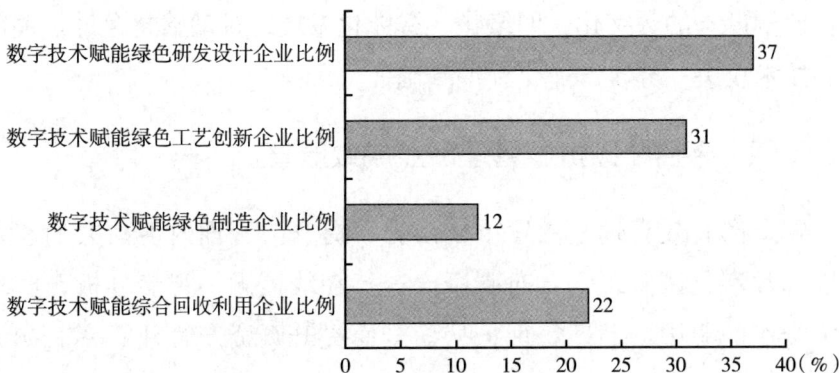

图3 数字技术赋能产品全生命周期绿色管理的企业比例情况

资料来源：两化融合公共服务平台统计监测。

（三）数字技术助力碳捕集、利用与封存技术快速发展，工业示范应用初具成效

二氧化碳捕集、利用与封存（CCUS）指从能源利用、工业过程等排放源或排放过程或空气中将二氧化碳捕集分离，通过载体运输到合适存放的环境加以利用或封存，当前整体封存规模小于利用规模，目前以二氧化碳提高原油采收率（CCUS-EOR）为主。根据《中国二氧化碳捕集利用与封存年度报告（2023）》，截至2022年底，中国已投运和规划建设中的 CCUS 示范项目接近百个，并且中国正在积极筹建全流程 CCUS 产业集群。当前 CCUS 处于试验向产业化发展的关键期①。但我国在规模化发展、关键技术应用与集成、工业应用场景延伸等方面与国际先进水平还存在差距，特别是在数字技术赋能核心技术攻关方面还存在提升空间。多位一体监测、驱埋一体数值模拟等关键技术还存在发展空间，需加快布局 CCUS-EOR 计量标准，推动

---

① 窦立荣等：《全球二氧化碳捕集、利用与封存产业发展趋势及中国面临的挑战与对策》，《石油勘探与开发》2023年第5期。

封存计量设备的数字化、网络化、智能化发展，推动碳封存计量关键核心技术攻关，夯实产业化发展基础。

（四）平台化碳资产管理试点成效显著

碳资产有效管理是激发市场活力、提升碳管理内生动力的有效举措。数字化碳管理平台对碳资产进行在线监测、智能分析，实现相关资产的集中、动态管理，从而全面提升碳资产管理效率。如苏州工业园区的智慧能源管理平台，利用云计算和人工智能技术，对园区内单位所消耗能源的数据进行在线采集、智能分析，实现对碳资产动态有效的分配、交易和管理。数字化碳管理平台有效推动企业之间动态配合、协调发展，实现碳资产的协同智慧化管理。区块链等数字技术充分保障系统间有序交互、备灾系统建设、异常交易行为监控、风险预警等过程安全有效运行，积极赋能平台化碳资产管理。

四　数字化碳管理发展趋势

（一）全面构建系统、科学、有效的数字化碳管理体系

我国的绿色低碳顶层重要规划文件将数字化碳管理列为重点工作，数字化碳管理工作体系是有效开展工作的重要抓手。工业领域碳管理涉及生产过程的诸多环节，如碳监测管理、碳减排管理、碳资产管理、循环利用管理等，且对应不同的管理主体与客体，开展碳管理体系建设十分必要。主动依据实际发展情况、政策导向谋划布局重点工作方向和内容，明确不同主体的职责任务，周期性开展体系评价工作。充分发挥地方主管部门的管理主动性、能动性，形成上下联动、主动推进、及时反馈机制，开展管理人员专业化培训，加强与企业等

单位沟通，从管理和技术相互促进出发，优化完善管理机制，保障碳管理有效推进。鼓励企业制定管理工作体系，明确组织架构、碳排放管理方针和具体量化目标。

（二）企业数字化碳管理能力提升将成为碳管理重要推动力量

数字化碳管理在不同场景对应不同的主、客体，管理主体既有政府主管部门，也涉及排放企业。随着管理机制的健全完善，以及碳管理成效价值的日渐叠加放大，企业实施数字化碳管理的积极性、能动性充分显现。第一，企业的数字化碳管理思维稳固确立，主要管理者及碳管理相关负责人对数字化碳管理达成共识，引导培养数字化与碳管理技术的融合型人才，奠定数字化碳管理人才基础。第二，企业将在全流程推进数字化碳管理。对生产全过程的能源利用、工艺和技术技能、制造过程碳排放等重点环节，分解到系统、设备、产线、工长不同环节进行排放管理。第三，企业端数字化碳管理工作体系逐步成熟，从理论构建、示范应用走向规模推广阶段。

（三）数字技术融合应用助力低碳关键核心技术攻关

我国对数字化碳管理的认识起步较晚，仅有钢铁、建材、石化、汽车等高排放行业，探索实施了数字化碳管理方法。未来，随着更多的行业被纳入其中，数字化碳管理的场景和技术将存在巨大缺口，当前个别行业的有限场景数字化碳管理探索应用，很难支撑起工业领域全面数字化碳管理的推广应用。以绿色用能、智能化生产、集约化循环利用为主攻方向，充分发挥数字技术赋能优势，加强基础理论研究和关键核心技术突破，加强数字化碳管理核心装备与技术自主研发，科研创新驱动是以数字化碳管理推动绿色低碳可持续发展的重要路径。

（四）区块链等新一代信息技术加强碳数据安全保障

工业领域碳数据涉及用能、工艺、生产诸多方面，充分发挥数字化碳管理的价值成效，需要深入分析碳数据蕴含的价值、挖掘碳数据潜力。但由于我国数据确权机制、市场机制和安全保障机制尚不健全，企业担心碳数据的交换、共享、流通造成技术关键信息泄漏，对碳监测、排放管理等带来阻力。区块链具备可追溯、不可篡改的特性，碳数据基于区块链可实现有效存证、追踪、共享。基于区块链、人工智能等新一代信息技术融合应用，建设可信碳数据流通基础设施，实现海量碳排放数据的安全、高效汇聚、流转、存证，为碳数据安全应用提供重要技术保障。

五　结束语

发达国家十分重视数字技术对碳管理的赋能作用。我国将建立数字化碳管理体系列为推进工业高质量发展的重点任务之一。数字技术赋能工业碳监测、碳排放、碳捕集、碳资产管理，提升企业主体自主管碳控碳能力，保障碳交易市场公平高效运行。推动工业领域数字化碳排放管理，是我国实现工业绿色高质量发展的重要举措，一是构建数字化碳管理体系，实施深入生产工艺的碳排放分级计量，构筑数字化碳管理大数据基石；二是充分发挥企业的自主数字化碳管理能动性，促进企业碳管理能力提升；三是加强数字化碳管理核心装备与技术自主研发，坚持科研创新驱动；四是加强碳排放数据价值挖掘的安全保障。

参考文献

郭朝先：《2060 年碳中和引致中国经济系统根本性变革》，《北京工业大学学报》（社会科学版）2021 年第 5 期。

吴宏杰：《碳资产管理》，北京联合出版公司，2015。

马从文、杨洁：《企业数字化转型的碳减排效应研究——来自制造业上市公司的经验数据》，《南京财经大学学报》2023 年第 2 期。

李昕、肖思瑶、周俊涛：《我国碳排放数据整合与应用的国际比较》，《金融市场研究》2022 年第 1 期。

张凯、王冠：《碳监测评估信息化发展的战略导向、体系架构及应用探索——基于科技支撑"双碳"目标的前瞻性思考》，《企业经济》2023 年第 1 期。

张志朋：《区块链赋能碳数据安全治理的逻辑与规制》，《情报杂志》2023 年第 5 期。

陈善荣、陈传忠、文小明、胡天洋：《"十四五"生态环境监测发展的总体思路与重点内容》，《环境保护》2022 年第 Z2 期。

刘刚、孙毅、袁芳：《碳监测评估信息化的体系架构与应用探索》，《科学发展》2022 年第 8 期。

理 论 篇

B.4
工业绿色低碳监测评价体系研究

张宏博　师丽娟　孟琦　赵珏昱　苏泳睿*

摘　要： 工业绿色低碳监测评估可以及时发现和解决工业发展中存在的环境问题，推动技术创新，提高资源利用效率，降低能源消耗，实现可持续发展。本文在综合考虑体系结构系统性、指标设计科学性以及指标数据多源性等因素的影响下，提出了包含运行管理、能源供给、绿色生产、资源利用和效能效益5个维度的绿色低碳监测评价框架，并初步构建了一套监测评价体系和测算方法。监测评估结果可为

* 张宏博，博士，国家工业信息安全发展研究中心信息化所工程师，从事"双碳"、两化融合等相关领域研究；师丽娟，博士，国家工业信息安全发展研究中心信息化所高级工程师，从事"双碳"、两化融合、工业互联网、数字化转型等相关领域研究；孟琦，国家工业信息安全发展研究中心信息化所高级工程师，从事"双碳"、两化融合、数字化转型等相关领域研究；赵珏昱，国家工业信息安全发展研究中心信息化所工程师，从事数字化转型、工业互联网、两化融合等相关领域研究；苏泳睿，博士，国家工业信息安全发展研究中心信息化所工程师，从事数字化绿色化协同转型发展、产业数字化转型等相关领域研究。

政府制定相关政策提供科学依据，促进工业领域的绿色发展和低碳转型。

关键词： 工业　绿色低碳　评价体系　可持续发展

一　工业绿色低碳发展监测评估是
实现可持续发展的重要手段

近年来，我国工业领域节能降耗工作取得重要进展，但是能源消费总量占全国能源消费总量的比重仍然超过 60%，因而，工业依然是我国碳排放的重点领域。工业绿色低碳转型也已成为我国实现碳达峰碳中和目标和新型工业化的必经之路。绿色低碳发展是指通过采用环保、节能、高效的技术和方式，降低能源消耗和污染物排放，以实现经济和社会的可持续发展。而监测评价体系则是对绿色低碳发展过程和成果进行科学、系统、客观的监测和评估，以指导绿色低碳发展的方向，提升绿色低碳发展的质量和效益。因此，工业绿色低碳发展监测评估是实现可持续发展的重要手段。

（一）我国工业绿色低碳发展现状

工业是我国经济绿色低碳转型的重点领域。随着我国工业迅速发展，总体规模不断扩大，我国工业体系不断健全完善。我国拥有 41 个工业大类 207 个工业中类 666 个工业小类，是全世界唯一拥有联合国产业分类中全部工业门类的国家。2023 年，全部工业增加值突破 48 万亿元大关，占 GDP 比重达到 38.3%。然而，工业也是我国碳排放的重点领域，其能源消费总量仍占全国能源消费总量的 66% 以上，钢铁、有色金属、建材、石化化工等重点行业碳排放量占工业领域碳排量的近 80%。随着新一轮科技革命的爆发与应对气候变化的迫在眉睫，在"双碳"目标下，工信部等 3 部门印发了《工业领域碳达峰实施方案》，明确了工业碳达峰的目标、任务、途径和措施。同时，我国聚焦制造业数字化转型，加速推进工业高端化、智能化、绿色化发展，通过加快传统工业转型升级，形成了节约资源和保护环境的绿色低碳生产方式。

数字技术成为工业绿色化发展的重要推动力。一是数字技术能有效改进生产工艺流程，提高设备运转效率，降低能源消耗和碳排放。通过应用工业互联网、大数据、人工智能等技术，企业可以实现对生产过程的智能监控和管理，优化生产参数，减少不必要的浪费，从而实现生产效率提升和节能减排。二是数字技术能够优化资源配置模式，提高资源利用效率。通过数字平台，企业可以实时掌握各种资源要素的供需情况，实现资源的精准匹配和高效利用。这不仅可以降低生产成本，还可以减少对环境的影响，推动工业向更加绿色、低碳的方向发展。三是数字技术还促进了产业结构的调整和绿色技术的创新。数字技术推动传统产业向数字化、网络化、智能化方向转型，同时，为绿色技术的研发和应用提供了有力支持，推动了绿色技术的创新和突破，为工业绿色化发展提供了强大的技术支撑。

我国工业绿色低碳发展水平评估体系尚不完善。绿色低碳发展包括减少化石能源的使用、提高能源效率、推广可再生能源、发展循环经济等。为了实现这些目标，需要建立全面的监测评估体系，以量化绿色低碳发展的成果，评估绿色低碳发展的水平，发现绿色低碳发展中的问题，提出改进措施。

（二）开展工业绿色低碳发展监测评估的意义

工业绿色低碳发展监测评估不仅是对工业发展状态的一种衡量，更是实现可持续发展的重要保障和推动力量。

一是有助于准确把握工业绿色低碳发展的现状和趋势。通过对不同行业、不同企业的绿色发展水平进行监测评估，可以实时了解工业绿色低碳发展的实际状况。一方面，帮助企业了解自身在绿色低碳发展方面的优势和不足，进而有针对性地制定改进措施，提升绿色生产能力和水平。不仅有助于企业在市场上树立绿色形象，还可以提高企业的经济效益和社会效益，提升企业的绿色竞争力。另一方面，引导资源向绿色低碳产业和领域流动，推动传统产业向绿色低碳转型，从而优化产业结构，提升经济发展质量。

二是有助于推动工业绿色低碳发展的技术创新和进步。对绿色技术的研发、应用和推广情况进行评估，可以激励企业加大技术创新力度，推动绿色技术的普及和应用，提高工业生产的绿色化水平。同时，可以推动技术创新和成果转化，形成一批具有自主知识产权的绿色技术和产品。总结和推广成功的绿色发展模式和经验，可以为其他地区和行业提供借鉴和参考。

三是有助于实现工业绿色可持续发展。建立科学、系统、客观的监测评估体系，可以确保工业发展与环境保护、资源节约的协调平衡，推动工业向更加绿色、低碳的方向发展。同时，可以推动绿色低碳发展的不断深入，实现经济和社会的可持续发展。同时，监测评估体系也可以为政府决策提供科学依据，推动绿色低碳产业的健康发展。

二 工业绿色低碳监测评价体系框架

（一）考虑因素分析

1.体系结构的系统性

工业绿色低碳发展是一个复杂而又长期的过程，绿色低碳技术将逐步、全面渗透至传统产业经济中，在提升其生产效能的同时实现其碳排放量的有效控制。因而，工业绿色低碳转型过程中的每个环节都将是监测评估的重要对象，如能源利用环节、生产制造环节等。同时，还需要从管理层面以及经济效益与社会效益层面双向评估政策落地、技术应用等效果，从而综合、全面地评估绿色低碳发展水平。

2. 指标设计的科学性

评价指标的目的在于区分、判定和表征一个问题或一个状态是否已经达到要求，因此，评价指标设计的合理性对最终评价结果的真实性和准确性起到非常关键的作用。科学合理的评价指标设计涵盖两个方面。一是指标内容、指标评价的对象应当清晰和明确，同时针对对象评价的内容设计应是可量化、可对比的，即评价指标设计应充分考虑实际情况的客观性以及测算过程的可操作性。例如，通过实时监测能源消耗和排放数据，了解绿色低碳发展的实际效果；评估节能减排带来的成本节约、环境改善带来的健康效益等，以量化绿色低碳发展的经济效益；评估改善环境质量、提高人民生活水平等，以量化绿色低碳发展的社会效益。二是指标权重设计，应根据区域融合发展目标进行设定，充分考虑目标的重要性和优先级，给予相关指标更高的权重，以反映该指标在融合发展过程中的重要影响或贡献。

3. 指标数据的多源性

评价体系应纳入多源监测指标，采集动态性指标数据。基于多源数据可实现针对发展水平的多维度、多视角的全面分析。保持数据的动态更新，有利于在保持指标体系先进性的同时有效增强监测评估的信度和效度。因此，采集的指标数据应当既包含统计年鉴、工作报告、走访调研等"填报式"数据，也应纳入便于实时更新的、面向对象更广泛的"采集式"问卷调查数据。

（二）评价框架模型

基于考虑因素分析，本文提出了包括运行管理、能源供给、绿色生产、资源利用以及效能效益等 5 部分的评价框架模型，如图 1 所示。

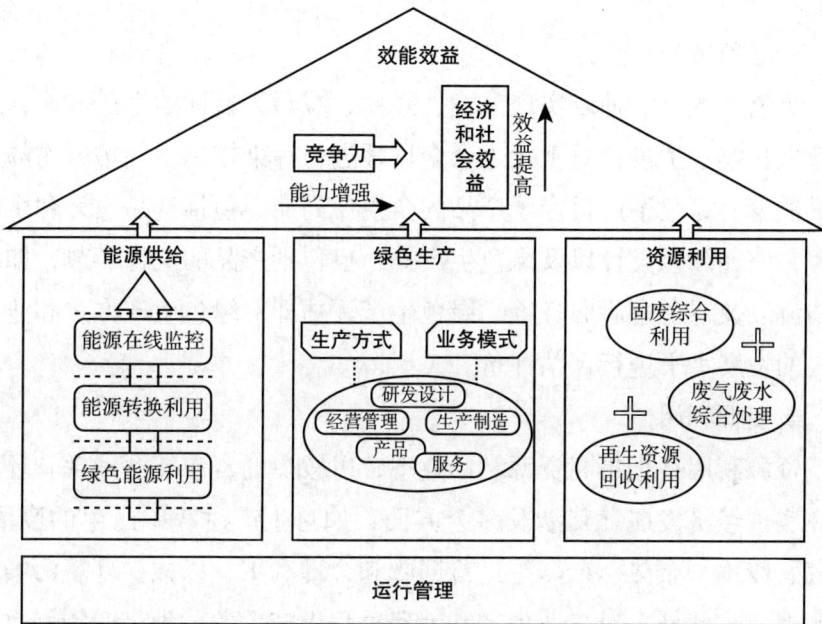

图 1　工业绿色低碳监测评价框架模型

1.运行管理

运行管理评估是指从人、财、物、策等方面的策略制定和实施情况来评估评价工业绿色低碳的保障水平。通常包含如绿色低碳规划，即以工业绿色低碳为目标，制定和实施一系列运营策略和发展计划；人力资源管理，对绿色低碳发展人才进行有效的培养与管理，提高其技能和能力，从而提升生产力；相关管理体系，即制定生产、环保等管理政策，确保生产的正常运行及环境保护的落实到位。

2. 能源供给

能源供给评估是指为满足能源需求而对各种形式的能源进行开发和利用，并主要从绿色能源利用、能源转换利用和能源在线监控等方面的实施情况进行评估评价，以反映工业能源供给保障水平。

3. 绿色生产

绿色生产是一种以实现节能、降耗、减污为目标的生产方式，通过管理和技术手段，对工业生产全过程进行污染控制，使污染物的产生量最少。绿色生产贯穿于产品的全生命周期，包括产品设计和生产过程，例如绿色设计以及绿色生产等；也包括产品的流通环节，如绿色物流以及绿色售后服务等。绿色生产评估即对绿色生产方式和业务模式的发展水平进行评估评价。

4. 资源利用

资源利用是指提高资源利用效率，以较少的资源能源消耗和环境破坏实现经济发展。其涉及多个方面，如对生产过程中产生的废渣、废气、废水、余热、余压等进行回收和合理利用，以减少环境污染和资源浪费。此外，对工业生产和消费过程中产生的各种废旧物资也可以进行回收和再生利用，实现资源的循环利用。资源利用评估即对资源利用效率、减少或避免污染物的产生和排放水平的评估评价。

5. 效能效益

效能效益的评估主要包括竞争力的增强带动经济效益和社会效益的提升。绿色低碳发展促进了技术创新和产业升级，推动了清洁能源、节能技术、环保技术等领域的发展。这些技术的进步不仅提高了资源利用效率，还降低了能源消耗、减少了环境污染，为经济、社会的可持续发展提供了技术支撑。

三 工业绿色低碳监测评价体系构建

（一）评价体系

本文基于工业绿色低碳监测评价模型，进一步丰富和完善，最终形成一整套评价体系，实现多维度、全方位地评价工业绿色低碳发展水平，如图 2 所示。

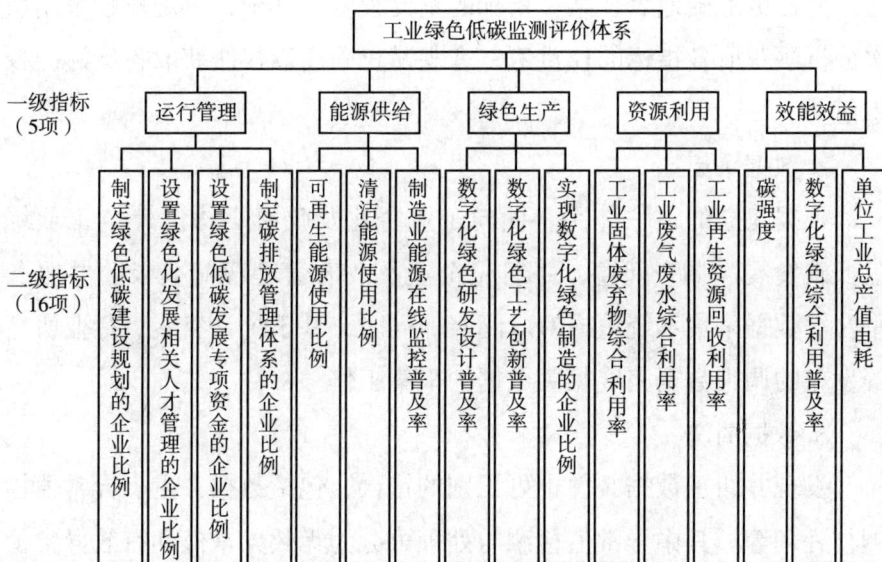

图 2 工业绿色低碳监测评价体系

该体系根据评价框架中涉及的内容设计了 5 项一级指标，包括运行管理、能源供给、绿色生产、资源利用和效能效益，并向下逐级细分为 16 项二级指标，涵盖了研发、生产、经营、产品、创新、数据、技术以及政府推动工作等维度，明确了所需采集的数据，确保评价体系落地实施。因此，工业绿色低碳发展水平可通过各级指标逐级加权求和测算所得。此外，工业绿色低碳相关的重点监测指标测算也可基于此评价体系求得，从而全面摸清工业领域绿色低碳发展现状以及关键指标，为政府、企业后续重点任务和政策研究提供数据支撑。

（二）测算方法

1. 权重设置

综合考虑主观赋权和客观赋权的优劣势，采用综合权重计算方法，旨在更准确地表征某一指标的重要程度。其中，主观赋权采用层次分析法获取各指标的权重值，客观赋权采用熵权法获取各指标的权重值。

2. 数据采集

根据建立的评估体系，面向工业企业及政府机构设计"工业绿色低碳发展"调查问卷，并组织企业及政府管理部门登录公共服务平台等数据采集系统填报对应问卷。同时，基于统计年鉴、行业协会等发布的调查数据完成相关数据的采集工作。

3. 数据清洗

发现并纠正数据文件中可识别的错误，包括数据去重、异常值检测与处理等。其中异常值检测与处理可分为无效异常值和有效异常值检测与处理，前者用于处理不规范填报的异常值，由于不反映实际状况，判定为无效异常值，直接剔除。后者针对数据明显偏离平均值的离群样本，可依据数据分布特征构建修正函数对有效异常值做缩尾处理；对于问卷填报数据前后具有逻辑矛盾的异常样本，可设置取值 [0，1] 的质量修正因子，对样本融合水平进行加权修正。

4. 指标测算

由于指标体系中各指标性质和单位不同，为了确保指数可比，采用最大值化方法进行指标无量纲化处理，如公式（1）所示。

$$Y_i^l = \frac{X_i^l}{A_i^l} \tag{1}$$

其中，X_i^l 代表评价体系中第 l 级中第 i 个指标的数值，Y_i^l 为去量纲之后的数值，A_i^l 为其对应的最大值，即同期填报问卷中该指标的最大值。

5. 水平测算

将无量纲化后的指标评价结果与权重系数 γ_i^l 计算得到评价体系下综合评价结果，如公式（2），I_u 代表工业绿色低碳发展水平的总分值。

$$I_u = \sum_{l=1}^{m} \sum_{i=1}^{n} \gamma_i^l Y_i^l , u = 1,2,3 \tag{2}$$

工业绿色低碳监测评估是一项复杂而重要的任务，涉及对工业领域的绿色发展和低碳转型进行全面、系统、科学的评估和监测，需要政府、企业和社会各方面的共同努力和配合。通过监测评估，可以及时发现和解决工业发展中存在的环境问题，推动工业企业加强环保管理，提高资源利用效率，降低能源消耗和碳排放，实现可持续发展。同时，监测评估结果还可以为政府制定相关政策提供科学依据，促进工业领域的绿色发展和低碳转型。本文提出了一种绿色低碳监测评价框架并初步构建了一套监测评价体系和测算方法，之后将深入开展应用实践工作，通过不断完善监测评估体系、提高监测评估能力，更好地推动工业领域的绿色发展和低碳转型。

参考文献

张宏博、赵珏昱、马冬妍：《区域大数据与实体经济融合发展水平评价体系构建与实践——以贵州省 9 个市州为例》,《经营与管理》(网络首发)2024 年 4 月 16 日。

《"双碳"背景下工业企业低碳发展评价体系探索》,成都市环境保护产业协会,2023 年 10 月 24 日。

B.5
欧盟碳边境调节机制对我国的
影响及应对措施

安 岩　李镇东　师丽娟*

摘　要：　全球地缘政治局势动荡，气候变化多边治理机制遭遇重大挑战。欧盟将欧盟碳边境调节机制作为其重塑气候治理领域领导力、主导气候规则制定权的重要举措。欧盟是我国第二大贸易伙伴，其针对高碳产品征收费用的行为，将对我国贸易、产业、气候治理等维度产生多重影响。为积极应对包括碳边境调节机制在内的绿色低碳贸易壁垒，有必要加强应对气候变化对话交流机制，加快推进全国碳市场建设，建立应对绿色低碳贸易壁垒的工作机制和公共服务平台，加快开展重点行业的可持续供应链管理。

关键词：　欧盟碳边境调节机制　气候变化　高碳产品

应对气候变化是全球面临的共同挑战。全球已经形成以《联合国气候变化框架公约》及其框架下《京都议定书》《巴黎协定》为主渠道的多边治理机制，推动各方在可持续发展框架下携手应对气候变化挑战。然而，近些年，在全球地缘政治影响下，多边气候治理进入

---

* 安岩，博士，中核战略规划研究总院高级工程师，从事能源与气候变化研究；李镇东，中核战略规划研究总院工程师，从事能源政策与规划研究；师丽娟，博士，国家工业信息安全发展研究中心信息化所高级工程师，从事"双碳"、两化融合、工业互联网、数字化转型等相关领域研究。

低潮期，气候规则制定权、绿色产业链主导权等成为大国博弈的关注点。2023 年 4 月，欧洲议会和欧盟理事会先后投票通过欧盟碳边境调节机制（CBAM）。CBAM 的本质是对进口到欧盟的高碳排放产品征收额外的费用，是对碳定价机制在贸易领域进行协调补充的措施。目前，CBAM 覆盖范围包括欧盟以外的所有国家，仅瑞士、冰岛、挪威和列支敦士登处于豁免名单中。

欧盟是我国第二大贸易伙伴，考虑到我国能源结构、产业结构、碳市场建设进度等诸多因素，CBAM 的实施可能导致我国部分对欧出口企业的产品成本优势降低，影响我国对欧贸易，也将导致气候治理博弈复杂度提升。因此，有必要开展有关 CBAM 对我国的影响分析，提出应对策略。

一 CBAM 基本情况

（一）发展历程

2019 年 12 月，欧委会发布《欧洲绿色新政》，提出 CBAM。2020 年 3 月，欧委会提交 CBAM 影响评估报告，并进行公开征求意见。2021 年 3 月，欧洲议会压倒性通过 CBAM 议案。2021 年 7 月，欧委会正式公布 CBAM 提案细则。2022 年 3 月，欧盟理事会通过 CBAM 的总体方针。2022 年 6 月，欧洲议会通过 CBAM 修正提案。2022 年 12 月，欧洲议会和欧盟理事会达成一项临时协议，同意建立 CBAM。2023 年 4 月 18 日，欧洲议会投票通过 CBAM。2023 年 4 月 28 日，欧盟理事会投票通过 CBAM。2023 年 5 月 16 日，欧盟宣布将 CBAM 法案文本在欧盟官方公报上正式发布，并于 5 月 17 日正式生效。

（二）CBAM 目的

欧盟自 2005 年开展碳排放权交易以来，就致力于推动 CBAM 立法。其目的如下。一是主导全球应对气候变化的规则制定。近年来，西方发达经济体不断完善应对气候变化的"游戏规则"体系。美国、英国、加拿大等国在不同场合都表达了对 CBAM 的肯定，2022 年多名美国参议员提出《清洁竞争法》草案，被称为美国版的 CBAM。七国集团正式宣布成立"气候俱乐部"，构建自上而下全球政治经济联盟。欧美有意成立"钢铁俱乐部"，计划制定一系列促进钢铁和铝行业低碳转型的政策。日本在公布的"绿色增长战略"中表明其正在着手讨论碳关税相关事宜。二是试图保护本土企业的竞争力，降低碳泄漏风险。实施 CBAM 对进口方征收碳关税，避免高额碳价推升本土企业成本，造成竞争力下降。同时，CBAM 可以有效防止碳泄漏，避免欧盟企业为规避较严格的碳排放要求，转移至其他国家和地区，而无法实现真正意义上的全球碳减排。三是为欧盟财政收入带来利好。预期 2030 年，在免费碳配额退出的情况下，通过 CBAM 和欧盟碳市场拍卖，欧盟获得的收入将超过 20 亿欧元。

（三）CBAM 制度安排

1. 实施进程

过渡期：2023 年 10 月 1 日至 2025 年 12 月 31 日。企业只需履行报告义务，即每年提交受 CBAM 管制的进口产品的碳排放数据，不需要为此缴纳费用。

正式实施：自 2026 年 1 月 1 日起，企业不但要申报每年受 CBAM 管制的进口产品的碳排放数据，还要支付对应的碳排放费用。与欧盟碳市场一致，CBAM 将从 2026 年开始削减免费配额，直到 2034 年全部取消。

2. 覆盖行业

过渡期内，CBAM 覆盖钢铁、铝、水泥、化肥、氢、电力等六大门类多种产品，包括钢铁、铝、水泥、化肥等领域几乎所有主要环节的初级、中间与下游产品。

过渡期结束后，欧盟会开展评估工作，最终确定正式实施时的覆盖行业。

3.排放范围

过渡期：直接排放，指化石能源燃料活动和工业生产过程等产生的温室气体排放；钢铁、铝和氢以外的间接排放，指因使用外购的电力和热力等所导致的温室气体排放。

正式实施：排放范围可能会有所调整。

二 影响分析

（一）贸易影响：短期对我国贸易影响有限，长期仍需高度关注

短期对我国贸易的影响有限。2022年我国出口至欧盟的CBAM产品（即CBAM覆盖行业的产品）金额仅占我国对欧盟出口商品总额的3.2%，这一比例远低于埃及、土耳其、印度等国家对欧盟出口的CBAM产品金额占其对欧盟总出口金额的比重。尤其是CBAM对我国影响较大的钢铁和铝，不属于我国鼓励出口的产品且出口量较小。CBAM较难改变我国产品在欧盟的竞争优势，改变的是埃及等国家的同类产品出口到欧盟的竞争力。

长期仍需高度关注，同时需关注绿色低碳相关的各种壁垒。2022年，我国与欧盟的进出口贸易总额达8473.2亿美元，同比增长2.4%，其中，我国对欧盟出口的商品总值约为5619.7亿美元，同比增长8.6%；我国自欧盟进口的商品总值为2853.5亿美元，同比下降7.9%[①]。欧盟

---

① 周桃、周婵、李许等：《欧盟碳关税落地对中欧贸易的影响及应对策略》，《集成技术》2024年第1期。

实施 CBAM 会产生出口贸易转向效应，导致我国对欧盟出口下降的同时增加了我国对其他非欧盟国家的出口；短期内，欧盟 CBAM 对我国出口的负面影响仅限于实际被征收"碳关税"的产品，故影响较小；长期来看，随着碳价格上涨和 CBAM 覆盖产品范围的扩展，我国出口受损程度逐渐加深[1]。未来，CBAM 覆盖行业和排放范围很有可能进一步扩大，叠加其他发达国家跟进出台"碳关税"法案，将对我国外贸出口带来深远影响。尤其是如果发达经济体内部实现碳排放核算互认和抵扣，将会明显加大对出口型国家的影响，对发展中国家构筑起绿色低碳贸易壁垒。

中资企业也要关注绿色低碳政策的组合拳。除了关注 CBAM，企业还需要关注生产类补贴与消费类补贴、关税等传统贸易类政策，市场准入、ESG 投资等西方发达国家出台的其他绿色低碳政策等壁垒。未来，可持续供应链成为一项不可忽视的贸易壁垒。在联合国 2030 可持续发展目标的引领下，世界各国相继发布关于可持续供应链的相关政策要求。欧盟针对原材料采购、生产、运输、分销及回收等供应链环节，颁布了《关于报废电子电气设备指令（WEEE）》等。英国颁布了《加强英国制造业供应链政府和产业行动计划》，将可持续供应链提升到国家战略高度。美国发布了《国家环境政策法》《绿色采购制度》等一系列有关可持续供应链管理的法律法规。

（二）产业影响：能源结构短期仍偏煤，导致产业的成本优势下降

煤炭作为基础能源和重要工业原料，为我国国民经济社会发展提供了可靠的能源保障。2023 年，煤炭消费量占能源消费总量的比重

---

[1] 丁纯、曹雪琳：《欧盟碳边境调节机制对中国贸易的影响：基于动态递归GTAP-E 模型的模拟分析》，《世界经济研究》2024 年第 2 期。

为 55.3%，占比远高于欧盟和美国，表明我国能源结构仍有待进一步调整优化。尽管我国的能源清洁低碳转型不断推进，但我国富煤贫油少气的能源资源禀赋特点决定了煤炭的主体能源地位短期内不会发生根本性变化。

一方面，CBAM 直接影响出口量，高碳排放国家和高碳强度行业受 CBAM 影响程度较深，尤其是我国较大的出口基数和各行业的高碳强度导致劳动密集产业和资本密集产业贸易的"双重对外转移"，出口的下降程度最明显[1]。另一方面，考虑到能源结构短期仍偏煤，我国工业部门的碳排放也将维持在一定高位，随着 CBAM 的正式开征、覆盖行业不断扩大，我国相关企业将被迫在高成本下推进清洁转型，相应的产品成本随之提升、产品定价随之提高[2]。

（三）气候治理影响：影响气候多边进程，气候治理博弈复杂程度加大

CBAM 实施带来的政治影响不可忽视。作为单边措施，CBAM 对《巴黎协定》下共同但有区别的责任框架将产生影响，对各国政治互信、多边合作也会造成冲击。2021 年 7 月，生态环境部在例行新闻发布会上表示，CBAM 本质上是一种单边贸易措施，无原则地将气候问题扩大到贸易领域，违反《巴黎协定》和《联合国气候变化公约》的相关要求和原则。发展中国家多在寻求政治上斡旋的可能性，希望通过国家层面的多边谈判，达成问题的和解。2023 年 6 月，我国政府向 WTO 贸易与环境委员会提交提案，指出当前贸易政策与环境政策不断加深融合，部分措施对贸易影响重大；以欧盟通过的 CBAM 为例，提议更好发挥 WTO 监督审议职能，就对贸易影响重大的环境

---

① 丁纯、曹雪琳：《欧盟碳边境调节机制对中国贸易的影响：基于动态递归 GTAP-E 模型的模拟分析》，《世界经济研究》2024 年第 2 期。

② 孙瑾、庄靖玛：《CBAM 实施对我国有什么影响?》，《环境经济》2023 年第 23 期。

政策开展多边专题讨论；印度、巴西、沙特阿拉伯、新加坡等国表示我国的提案具有建设性，印度、澳大利亚等国表示愿同我国作进一步探讨①。

欧盟是应对气候变化的排头兵、全球率先提出碳中和的经济体之一，也是全球气候治理的主要推动者之一。欧盟具有完善的以碳排放交易体系为核心的内部气候治理体系，制度设计完善，已经成为其他国家建设碳排放交易体系的重要参考。然而，受激进的气候政策、经济发展速度、新兴经济体的低碳经济崛起等因素影响，欧盟在全球气候治理领域的领导力式微，全球气候治理进入领导权分散化时期。欧盟推出《欧洲绿色新政》，力图重拾全球气候治理影响力，而CBAM则是《欧洲绿色新政》的一项关键法案，成为欧盟拥有主导全球碳定价规则制定权和话语权的重要手段，影响全球碳定价走势。在此背景下，我国参与全球气候治理的环境将更为复杂。

三　发展建议

（一）加强应对气候变化对话交流机制

坚持联合国气候变化框架公约"共同但有区别"的原则。践行真正的多边主义，不断深化与发展中国家和发达国家的沟通交流。与欧盟积极开展CBAM核心机制的双边对话，在衡量应对气候变化工作时，充分考虑我国在能源双控、碳排放双控、可再生能源电力消纳责任权重等命令控制型政策工具方面的规制措施，同时积极推进构建双方互通的碳核算体系。利用国际多边气候治理框架加强交流对话，参与全球碳规则制定，推动符合"共同但有区别"原则的合理征收标准。

---

① 《中方在世贸组织提交贸易与环境政策相关提案》，央视网，2023。

（二）加快推进全国碳市场建设

积极推动全国碳市场扩容、数据治理完善、配额有偿分配等方面的工作。加强碳排放管理能力建设，推进碳排放数据的监测、报送与核查工作，确保基础数据的准确性、真实性。推进碳市场与电力市场的协同，同时从政府层面推动我国绿电、绿证与国际绿证的互认。

（三）建立应对包括 CBAM 在内的绿色低碳贸易壁垒的工作机制和公共服务平台

建立各级政府深度参与的顶层机制和工作联席会议制度，定期召开会议。组织政策研究，提供咨询服务，充分利用行业组织、智库等机构，紧密关注政策动向，研判各行业绿色低碳贸易壁垒的发展趋势，提供技术咨询、认证等服务，确保企业应对绿色低碳贸易壁垒的前瞻性储备。

搭建包括律师、技术、科研等领域机构在内的应对绿色低碳贸易壁垒的公共服务平台，加大对包括 CBAM 在内的绿色低碳贸易壁垒的宣传普及力度，开展相应的政策宣讲会，让企业能够对政策、指南、程序和运行等有透彻的了解，以协助企业制定正确的应对策略。

（四）加快开展重点行业的可持续供应链管理

加快技术转型升级，尽快实现低碳甚至零碳供应链，这是企业从根本上应对包括 CBAM 在内的绿色低碳贸易壁垒的措施，但在过程中要引导企业审慎评估减碳成本，采取合适的减碳策略。以产业龙头带动供应商尽快完成低碳转型，开展可持续供应链评价，引导供应商对其生产过程脱碳并设定减排目标。加强企业碳排放管理的能力建设。针对重点行业，尤其是已经纳入监管的行业，引导企业充分利用好过渡期，摸清企业自身的碳排放家底，建立碳排放的监测报告和核证系统，提高自身碳排放管理能力。引导重点行业积极参加全国碳市场和试点碳市场交易，积累相关经验。积极运用绿色金融工具，引导资金流向供应链中的绿色环节，推动供应链低碳转型。

参考文献

胡彬、董文娟：《全球气候治理新动向与中国应对》，《国际问题研究》2023 年第 6 期。

马骏、何晓贝：《"碳边境调节机制的影响及中国的应用策略"研讨会观点综述》，《现代金融导刊》2023 年第 7 期。

B.6
工业领域数字化绿色化协同转型
发展模式探索

苏泳睿　董正浩　师丽娟　邓成明　李高雅*

摘　要： 　数字化绿色化协同转型发展是我国在新时代发展的重要战略方针，更加有利于在落实碳达峰碳中和目标任务过程中锻造新的产业竞争优势，加快建设现代化产业体系，推进新型工业化发展。本文系统、全面地阐述了数字化绿色化协同转型发展的内涵与脉络，聚焦于工业领域探究其在不同发展阶段的具体表现，整理美国、欧盟、日本数字化绿色化发展情况，对照我国数字化绿色化协同转型发展现状，捕捉发展中存在的难点、堵点，并提出具有针对性、可行性和体系化的发展建议。为在全领域推动我国数字化绿色化协同转型发展提供科学、客观、严谨的理论支撑；为厘清发展逻辑、构建发展体系、摸清发展路径提供实践成果和核心基础要素。

关键词： 　数字化　绿色化　现代化产业体系　新型工业化

---

* 苏泳睿，博士，国家工业信息安全发展研究中心信息化所工程师，从事数字化绿色化协同转型发展、产业数字化转型等相关领域研究；董正浩，博士，中国联通智能城市研究院正高级工程师，从事"双碳"、智慧城市、数字政府等相关领域研究；师丽娟，博士，国家工业信息安全发展研究中心信息化所高级工程师，从事"双碳"、两化融合、工业互联网、数字化转型等相关领域研究；邓成明，中国联通智能城市研究院正高级工程师，从事"双碳"、智慧城市、数字政府等相关领域研究；李高雅，北京邮电大学硕士研究生。

一　数字化绿色化协同转型

（一）发展脉络

回溯数字化绿色化协同（以下简称"双化协同"）转型发展过程，2021年9月，中央网信办会同有关部门组织实施双化协同行动计划，组建了多部门参加的双化协同部际联席会议和双化协同专家委员会，强化了国家层面双化协同工作的统筹协调和决策咨询；由此正式拉开了双化协同发展的帷幕。2022年11月，习近平主席出席亚太经济合作组织第二十九次领导人非正式会议时提出，加速数字化绿色化协同发展，推进能源资源、产业结构、消费结构转型升级。同月，中央网信办、国家发展改革委员会、工业和信息化部、生态环境部、国家能源局5部门联合印发通知，确定在10个地区首批开展数字化绿色化协同转型发展综合试点，重点围绕数字产业绿色低碳发展、传统行业双化协同转型、城市运行低碳智慧治理、双化协同产业孵化创新、双化协同政策机制构建等方面探索可复制、可推广经验。2023年3月，中共中央、国务院印发了《数字中国建设整体布局规划》，提出力争到2025年，数字生态文明建设取得积极进展，要求建设绿色智慧的数字生态文明，加快数字化绿色化协同转型。2023年11月，在2023年世界互联网大会乌镇峰会期间举办数字化绿色化协同转型发展论坛，围绕"数字化绿色化协同转型　推动经济社会高质量发展"主题，深入交流推动数字产业绿色低碳发展、加快数字技术赋能传统行业绿色转型等方面的经验做法，共同探讨数字化绿色化协同转型发展的方法路径。

经过近三年的发展，双化协同工作已逐步由初步摸索向系统推进转变，千行百业的实践案例有助于进一步推动双化协同理论体系的完善与丰富。为了更好地推进双化协同发展工作，助力新型工业化建设，落实数字中国发展总体方略，对于双化协同转型发展的概念与内涵，应予以明确并进行深入探讨，特别是针对工业领域双化协同转型发展的主要方面与内容应进行清晰界定。

（二）广义概念

从政策指引的角度看：2022 年 5 部门发布联合开展数字化绿色化协同转型综合试点，明确双化协同应从产业、行业、城市、生态、体制机制构建等方面开展探索，重点聚焦于环境、城市、能源、工业等领域，作用于环境治理、产业转型、城市发展、能源优化、新业态培育等方面。应从多领域解读双化协同内涵，核心内容应包括技术与成果两个方面，同时强调其实践性与科学性。

从发展规划的角度看：双化协同转型发展对我国而言是推动数字中国建设、激发数字经济活力的战略方式。数字化、绿色化对于企业、行业、产业来说都是降本增益的手段与方法，数字化、绿色化既是技术内容又是结果导向，二者既相互赋能、携手共进，又具有明确的独立性与边界区分。双化协同转型是一项系统工程，需要统筹推进，并在长时间内进行动态优化调整。

因此，双化协同转型发展的广义概念应是，通过数字化技术与绿色化技术协调、统筹推进发展方式向数字化、绿色化转变，实现经济、环境、社会、产业、区域等方面可持续健康发展的新型发展方式。其中，数字化赋能绿色化发展，绿色化引领数字化升级，二者相互促进，又有区别，有机形成全新发展方式的辩证统一。

（三）工业领域内涵

工业作为国民经济发展的"压舱石"，是双化协同转型的主要应用场景与发展方向，是推进双化协同工作的典型实践领域。双化协同发展在工业领域的内涵大致可以分为三个环节。

在生产制造环节，双化协同发展更加聚焦于技术改造、工艺流程重塑、装备升级等内容。在该环节中，主要应用数字化、绿色化技术推动生产方式转型，数字化技术赋能绿色化生产，绿色化有助于提高数字化水平。通过数字化、绿色化技术的应用提高生产效能，实现节能降碳，推动生产方式向高端化、智能化、绿色化、融合化迈进。生产制造环节是工业领域的核心，直接产生应用效果，是双化协同发展的重中之重，更是双化协同在工业领域应用的主要场景和实践场所。

在战略经营环节，双化协同贯彻于发展规划、战略重构、经营管理等内容。在该环节中，要真正发现双化协同转型发展对于企业降本增效、提质增益具有关键作用，明确双化协同工作对于产业、企业发展的重要性与必要性，围绕双化协同发展要求动态优化战略方针，设计发展路径与模式。在具体经营管理方面，秉持双化协同发展的要求与原则，调整工作方式、方法，将数字化、绿色化发展理念带入日常工作。战略经营环节既是工业发展的方向标，引领工业的发展方向，也是推进双化协同工作开展的关键，更是影响双化协同发展进程的重要环节。

在融合提升环节，双化协同工作需要与原有发展模式相融合，切实提升经济效益、降低各类成本，推动发展向更高阶段迈进。首先，要精准解决双化协同发展过程中遇到的堵点、难点；其次，定制化设计双化协同融合发展模式，检验融合发展效果，核算融合发展收益，改进融合发展的不足之处，建立长效动态调整机制，保障融合发展健康、平稳运行。融合提升环节是双化协同发展切实转换为经济效益的重要环节，直接决定着双化协同转型发展的成效与走向，也是衡量产业、行业、企业转型发展成果的重要环节。

二 我国数字化绿色化协同转型发展现状

（一）双化协同战略地位不断凸显

2021 年 10 月，国务院印发《2030 年前碳达峰行动方案》指出，"推进工业领域数字化智能化绿色化融合发展"，数字化绿色化融合发展正式进入战略发展机遇期。

2021 年 11 月，工信部发布《"十四五"信息通信行业发展规划》，指出"推动数字化绿色化协同发展"；2021 年 12 月，工信部发布《"十四五"工业绿色发展规划》指出，"深化生产制造过程的数字化应用，赋能绿色制造"；2021 年 12 月，中央网络安全和信息化委员会发布《"十四五"国家信息化规划》，提出"加速信息技术赋能社会各领域节能减排"；2022 年 6 月，工信部等 6 部门印发《工业能效提升行动计划》，明确要"积极推动数字能效提档升级"，充分发挥数字技术对工业能效提升的赋能作用；2022 年 12 月，工信部编制的《国家工业和信息化领域节能技术装备推荐目录（2022 年版）》正式发布，其中在信息化领域节能技术篇章中，明确设立数字化绿色化协同转型节能提效技术，总计包含技术类型 11 项。随着各项战略规划、政策指引的颁布实施，双化协同工作的战略地位更加凸显，对发展的引领效用愈加明显，协同发展方向日益明确。

（二）双化协同效果逐渐显现

整体来看，我国双化协同发展取得了一定成效。截至 2023 年 3 月，5G 基站的单站能耗比商用初期降低了 20% 以上，全国规划在建的大型数据中心，平均设计的能源效率指标 PUE 值已降到 1.3，行业内先进绿色数据中心 PUE 值降至 1.1 左右，达到世界领先水平①。在能源、工业、交通运输等行业绿色化转型过程中，数字赋能作用愈加凸显，数字化引领绿色低碳生产生活方式日益深入人心。2023 年累计有 78 家钢铁企业 3.9 亿吨粗钢产能完成全流程超低排放改造，重点行业主要污染物和二氧化碳排放强度持续下降。截至 2023 年底，我国已在国家层面建成了绿色工厂 5095 家，产值占制造业总产值的比重超过 17%，全年环保装备制造业总产值预计超过 9700 亿元，绿色动能加快释放②。

以数字化为手段持续赋能绿色化发展。截至 2023 年底，我国数字化研发设计工具普及率为 79.6%，关键工序数控化率为 62.2%，数字化发展整体水平不断攀升。数字技术在电力、工业、交通、建筑等传统行业的节能降碳中发挥了重要作用，预计到 2030 年，数字技术赋能全社会总体减排量将达 12%~22%，其中，赋能工业减碳比例为 13%~22%，赋能交通业减排 10%~33%，赋能建筑业减碳比例为 23%~40%③。

以绿色化牵引产业数字化转型升级。绿色化的发展目标与任务不断推动产业数字化转型发展进程，利用数字化技术实现能源节约与可持续发展。如国家电网利用数字化技术与手段，已建成全球覆盖范围最广、接入充电桩最多的车桩网协同发展的智慧车联网平台。截至 2023 年 8 月，智慧车联网平台累计接入可启停充电桩超过 43 万个，为超过 1000 万用户绿色出行提供便捷智能的充换电服务。浙江省、

---

① 数据来源于工业和信息化部公布情况统计（https：//www.miit.gov.cn/xwdt/gxdt/ldhd/art/2023/art_ 9fcee32440944bad8c1c65828b0d7da4.html）。

② 数据来源于工业和信息化部公布情况统计（https：//www.miit.gov.cn/xwdt/gxdt/ldhd/art/2024/art_ fb1ca760af7c40578600f3a62cfcab22.html）。

③ 数据来源于《中国数字化转型与创新评选 2018—2023 六年对标洞察报告》。

湖北省、重庆市等地依托智慧车联网平台聚合超 34.66 万根充电桩参与电网削峰填谷响应，支撑电网智能调度①。

（三）双化协同生态持续完善

2023 年 3 月，我国在苏州举行的"节能服务进企业"暨数字化绿色化协同转型发展高峰论坛，围绕数字产业绿色低碳发展、产业链供应链绿色发展态势等方面探索可复制、可推广经验。6 月，在"2023 年工业绿色发展大会"期间，举办传统行业数字化绿色化协同转型发展平行会议，锚定传统行业双化协同转型需求，搭建供需对接沟通交流平台，充分推广优秀实践经验。10 月，在青岛举办的"节能服务进企业"暨企业双化协同发展实践现场工作会，深入双化协同代表企业一线开展实践调研，从区域双化协同发展实践、行业双化协同转型升级、企业双化协同路径探索等方面，推广应用先进节能降碳技术，推动产业双化协同转型，推进重点行业节能降碳、绿色发展。11 月在"2023 年世界互联网大会乌镇峰会"期间，举办数字化绿色化协同转型发展论坛，探讨双化协同发展方法路径。双化协同转型发展生态正不断完善，未来，我国将系统开发出更多的应用实践场景，双化协同发展将进入全新阶段。

三 工业领域数字化绿色化协同转型 发展过程中存在的问题

工业作为主要物质生产部门，涵盖种类繁多，生产工艺复杂，制造流程具有显著的专属性与特殊性，实现全面双化协同转型的难度较高、阻碍较多。尽管双化协同转型的基础理论相对通俗，但要深入厘

---

① 根据国家电网有限公司公布情况统计得出。

清双化协同发展的内在逻辑与转型路径并非易事，并且如何开展双化协同工作一直以来也是各级单位组织关注的焦点。因此，本文归纳国内外双化协同转型发展情况，梳理我国工业领域双化协同转型存在的问题，总结如下。

（一）缺乏标准化引导，体系建设需完善

双化协同虽然是一个较为新颖的说法，但数字化绿色化内容却早已贯穿工业发展之中。目前，工业领域关于数字化或绿色化的相关标准化内容较为丰富，无论是标准、指引，还是规范等都涵盖于发展的各个环节中，可双化协同转型发展的标准化内容却十分单薄。双化协同的内涵并未在业界达成一致，发展边界不清晰，体系架构并不完善，内部构成相对模糊，导致难以形成具有通用性、范式性的标准化引导。

（二）实践方向不清晰，模式总结不到位

根据实地调研走访发现，当前许多工业企业已经在利用相关数字化技术赋能绿色化发展，按照绿色化发展要求提高数字化技术水平或者利用数字化方式改进绿色化技术等方面展开实践，并取得了良好成效。而其中大部分企业并未将这些好方法、好成效总结形成模式体系，仅有少部分企业会针对某一亮点环节加以宣传。对于企业而言，总结模式经验并不会带来明显的经济效益提升，反而会增加专业人力成本。但对于开展双化协同工作来说，没有多样化的典型案例，就无法总结出通用性发展模式，滞缓双化协同发展进程。

（三）技术水平受限制，应用场景难实现

之所以双化协同工作推进缓慢，应用场景缺失、技术水平难以达到预期目标是重要影响因素。具体表现在两个方面。一方面，技术改

造存在困难。绿色化技术和手段具有传统特性，即使没有数字化工具也能够实现相应功能，而现在需要利用数字化手段来实现绿色化技术，改造绿色化工艺流程，势必要破除多重壁垒，能否实现预期目标难以预测。另一方面，数字化与绿色化兼容问题。无论是数字化技术、绿色化技术相互赋能、独立发展，还是实现数字化与绿色化发展目标，都需要技术与内容的相互共存、融合共生；事实上，工业领域工艺复杂，特殊性突出，难以实现全流程数字化绿色化的技术与内容适配，特别是在关键业务环节需要针对性研发、重点化突破，往往两者难以兼顾、无法实现有机统一，难以形成具有典型代表性和示范性的双化协同应用场景。

（四）效果反馈周期长，持续投入有难度

随着科学技术的进步，双化协同发展过程中存在的各种问题并不难突破，但需要长时间实践检验和较大成本投入。双化协同转型发展是一项战略性工程，也是新兴发展模式，需要长期积累与实践，短期内难以产生显著成效。随着发展的深入，反复论证检验会持续增多，成本投入势必会不断增加，如果没有政府、科研单位、相关机构的政策、资金等生产要素的支持，企业很难承担起转型发展所需要的各项成本。因此，双化协同转型发展的效果反馈周期长、成本投入持续且庞大成为阻碍其进程的重要因素。

四 发展建议

（一）系统遴选示范标杆

针对不同区域、产业链开展双化协同典型案例、项目、场景等内容开展遴选工作。分产业设置双化协同发展装备技术目录，宣贯推广

具有实践性和可操作性的装备、技术。注重双化协同转型发展成效分享，以城市、产业、企业为样本，剖析发展过程，明确发展重点，总结发展经验。形成一批具有代表性、通用性和可复制性的示范标杆内容，获得权威认证，通过各类媒介、途径予以发布、推广，努力实现示范标杆效用最大化。

（二）明确关键核心重点

在厘清双化协同转型发展概念的基础上，系统总结产业、企业双化协同转型发展现状，捕捉转型发展过程中遇到的痛点、难点与堵点，研究梳理影响双化协同转型发展的主要因素、核心技术、路径模式等内容，分类划分转型发展阶段，设定各阶段的主要任务与目标，明确关键转型发展节点，集中力量解决好主要问题，把握住关键矛盾，切实解决发展中存在的实质性问题，提高发展质量，降低发展成本。

（三）总结通用路径模式

汇总不同地区、产业、企业双化协同转型发展案例与现状，了解协同转型发展关键装备、技术、方式。组织专业机构、专家学者根据主体类型，深入挖掘同维度之间双化协同转型发展共性之处，进行客观严谨的总结归纳与科学论证，研制维度间、领域内双化协同转型发展通用路径。通过实践检验通用路径模式的可行性以及重点关注通用路径模式与实践主体的适配性、效果和成长性，再次优化、丰富协同转型发展的通用路径模式，形成范式性体系，加快推动协同转型发展进程。

（四）推广复制有效经验

充分发挥理论与实践成果的主观能动性作用，总结发展经验，规划发展脉络，梳理发展模式，掌握发展特点，明确目标受众，制定科学合理的经验推广复制计划。进一步优化经验内容，提高质量与匹配度，提高推广价值与可复制性。利用多种渠道进行宣贯，加强地方政府、行业协会、科研机构等单位组织在经验推广与复制方面的主导地位，增强可推广、可复制的有效经验的权威性、可行性与科学性，全面推动双化协同工作落地扎根。

（五）加大配套支持力度

设立专项政策、资金保障制度，明确双化协同工作的战略地位与重要性，根据不同维度、不同阶段、不同特性的发展需求给予对应支持，建立周期性检验制度，及时跟踪协同转型工作发展进程，注重阶段性发展成效，提高政策与资金保障效力。加强专项人才队伍建设，培养一批能服务、能诊断、能解决问题、能规划的双化协同人才队伍，建立人才资源池，实现需求与供给的精准对接。搭建公共服务管理平台，动态收集发展数据，进行深入挖掘与处理，提高决策的科学性与精准度，实时反映发展进程。

（六）探索"一企一式"双化协同专项模式

支持企业加快推动双化协同发展进程，鼓励企业结合自身发展实际，制定专属性、定制化发展战略，切实将双化协同工作落实到企业日常经营中，结合通用路径模式与典型发展经验，研制企业协同转型发展路径，探索双化协同转型发展方向，注重战略目标与经济效益的动态平衡，提高发展站位，拓宽发展眼界，建立企业独有的双化协同转型发展模式，形成"一企一式"的发展体系，保障双化协同工作可持续健康开展，"以点带面"推动双化协同转型发展工作向更高阶段迈进。

参考文献

冯子洋、宋冬林、谢文帅:《数字经济助力实现"双碳"目标:基本途径、内在机理与行动策略》,《北京师范大学学报》(社会科学版) 2023 年第 1 期。

邢明强、许龙:《数字化转型、动态能力与制造业企业绿色创新》,《统计与决策》2024 年第 3 期。

徐志艳:《"双化"协同转型下数字经济与绿色创新发展协同性研究——基于我国省级行政区的面板数据》,《科技和产业》2024 年第 3 期。

周慧之、曾梦妤、甘露等:《能源数字经济赋能数字化绿色化协同发展路径研究》,《数字经济》2023 年第 12 期。

田海峰、刘华军:《企业数字化转型与绿色创新的"双化协同"机制研究》,《产业经济研究》2023 年第 6 期。

王玲、吴权华:《"双化协同"助力工业低碳转型》,《信息化建设》2023 年第 7 期。

上海社会科学院生态与可持续发展研究所:《数字化转型助力可持续发展》。

陈晓、赵戈洋、汪斌:《双碳目标下美国数字经济发展路径对我国的启示》,清华大学互联网产业研究院,2022 年 10 月 27 日。

中国科学院西北生态环境资源研究院文献情报中心:《日本:积极推进数字技术赋能行业绿色发展》,2023 年 5 月 17 日。

行业篇 $\sum$

B.7
我国石化化工行业绿色低碳
发展现状及路径研究

师丽娟　赵珏昱　孙玉龙*

摘　要：　石化化工行业具有产业链条较长、产品多样、行业关联度高等属性，我国是全球最大的化工品生产市场和销售市场，行业发展和产能利用态势整体向好。石化化工行业碳减排任务十分艰巨，未来几年，客观上还可能存在一定数量的碳排放增长，促进行业绿色低碳发展成为应对石化化工行业可持续发展的必要举措。石化化工行业应在组织管理部门的支持和引导下，从化工生产、感知监测

* 师丽娟，博士，国家工业信息安全发展研究中心信息化所高级工程师，从事"双碳"、两化融合、工业互联网、数字化转型等相关领域研究；赵珏昱，国家工业信息安全发展研究中心信息化所工程师，从事"双碳"、两化融合等相关领域研究；孙玉龙，国家工业信息安全发展研究中心信息化所工程师，从事"双碳"、两化融合、数字化转型等相关领域研究。

和控制减排三个层面建立数字化碳管理流程，实现行业碳管理水平有效提升。

关键词： 数字化碳管理　碳达峰　碳中和　石化化工

一　石化化工行业绿色发展现状

化工行业是关乎国计民生的重要支柱性行业，与国民经济运行状况、国防安全态势密切相关。化工是原材料主体品类，处于制造业的中游位置，石油和天然气是石化化工行业的主要原料。石化化工行业通过炼油和石化工艺，可以生产出各种石油产品和化学品。化工行业具有结构复杂的特征，与国民经济各行业关系紧密，具有产业链条较长、产品多样、行业关联度高等属性。石化化工行业生产的产品种类繁多，既包括汽油、柴油等石油产品，也包括乙烯、甲醇、丙烯等石化基础原料，同时还包括塑料、合成纤维、肥料、油漆等化学品，这些产品广泛应用于生产生活的各个领域。石化化工行业的生产效能水平和绿色发展水平直接影响着国家经济可持续发展和人民生活的福祉改善。

（一）我国化工行业发展现状

从市场规模来看，我国是全球最大的化工品市场。伴随西方工业发展历程，化工行业也经历了从萌芽到成长和发展的周期，从最初级的生产模式发展到精细化、高端化、全球化的发展模式。在全球化化工行业格局形成过程中，中国成为全球最大的化工品生产市场和销售市场。根据欧洲化工协会统计数据，2021年全球化工行业规模突破5万亿欧元，在主要国家中，中国化学产品销售额占比最大，达到

45%，美国与欧盟占比分别为 18% 和 14% 左右。

石化化工行业整体经济运行平稳，产能利用率稳中有升。当前世界经济受逆全球化等问题影响，增长乏力，地缘政治对峙加剧。外部环境的不确定性、严峻性、复杂性持续上升，内部供需矛盾压力显现，叠加化工行业下游需求不振等因素影响，行业经济运行面临较大困难和挑战，石化营业收入等部分经济指标呈小幅下降趋势。但我国石化化工行业总体呈现较强韧性，企稳复苏态势明显。根据国家统计局数据，2023 年石化化工行业实现营业收入 15.95 万亿元，与上年度相比，略有下降，下降幅度为 1.1%。在三大板块方面，油气板块实现营业收入 1.44 万亿元，比上年度同期下降 3.9%。炼油板块实现营业收入 4.96 万亿元，比上年度同期增长 2.1%。化工板块实现营业收入 9.27 万亿元，比上年度同期下降 2.7%。2023 年，全国工业产能利用率为 75.1%。分季度情况来看，各季度产能利用率持续提升，第一、二季度分别为 74.3%、74.5%，第三、四季度均超过 75%，分别为 75.6% 和 75.9%，产能利用态势整体向好。在 41 个工业大类中，有超过半数行业产能利用率环比上升，其中化工产能利用率为 76.7%，环比上升均超过 2 个百分点。

核心工艺技术、一体化发展尚存差距，效益提升存在空间。由于石化化工行业产业链条长的属性，具有垂直一体化的生产经营模式，即从油气开采、提纯炼制、化学制成品生产和销售，形成了一个清晰完整的产业链，不同企业在复杂的链条系统中从事不同的生产经营活动，既有基础原料生产企业，也有化学制成品生产销售企业。企业间通过良性互动、协同发展可以实现资源的高效利用和成本的控制，但当前石化行业距离垂直一体化的生产经营模式还存在差距，截至 2023 年底，石化行业产业链协同企业比例仅为 20.4%。与欧美发达国家相比，我国企业仍然存在核心工艺技术水平有待提高、竞争力亟待提升等问题，2023 年，石化化工行业营业收入利润率为 5.47%，

2022年与2021年分别为6.80%和8.00%，效益差距明显始终是持续推进高质量发展的一大重要制约因素。

（二）我国石化化工行业绿色发展现状

央地协同、多方发力的石化化工行业绿色低碳发展顶层设计体系加速构建。2021年10月，《中共中央　国务院关于完整准确全面贯彻新发展理念做好碳达峰碳中和工作的意见》（以下简称《意见》）正式发布。2021年10月，国务院印发《2030年前碳达峰行动方案》（以下简称《方案》）。两个重要顶层文件的发布，为我国绿色低碳发展指明了方向，作为1+N中的"1"，《意见》明确了整体目标，制定了发展时间表和路线图。《方案》作为"N"中的首个文件，明确了提高非化石能源消费比重、提升能源利用效率、降低二氧化碳排放水平等方面主要目标。2022年7月，工业和信息化部、国家发展改革委、生态环境部联合印发《工业领域碳达峰实施方案》，提出"十四五"期间和"十五五"期间产业结构优化、能源利用效率提升等方面主要目标。《石化化工行业碳达峰实施方案》《石化化工重点行业严格能效约束推动节能降碳行动方案（2021—2025年）》《工业重点领域能效标杆水平和基准水平（2023年版）》等均明确提出了石化化工行业节能降碳的目标和任务要求。2023年，上海、江苏、山东、湖南、四川、河南、云南等省份相继发布碳达峰实施方案或相关措施，对石化化工行业的碳达峰行动进行了部署。

排污治污压力并存，行业绿色低碳发展压力明显。2022年，我国化学工业碳排放总量已达15.2亿吨左右，在全国碳排放总量中的占比近15%，碳减排任务十分艰巨。特别是煤化工行业二氧化碳排放量占化学工业碳排放总量的比重接近50%，是化学工业碳减排的重点。未来几年，石油和化工行业客观上还需要有一定量的碳排放增长，国家已经明确石油和化工行业要在2030年前实现碳达峰，行业面临低碳发展的压力很大,重大减碳、零碳、负碳技术创新需加大力度,碳排放监测、核算、核查等基础能力建设仍需加速进行。全行业废水、废气、工业固体废弃物和危险废物排放均居工业部门前列,高浓度有机废水、挥发性有机污染物、危险废弃物等治理难度大。

一批绿色技术尚未实现成熟的工业应用。面对碳达峰碳中和战略迫切需求,石化化工领域正在加速布局一批具有技术前瞻性和核心竞争力的技术攻关活动,推动生物化工技术、化工新材料技术、低零碳技术等绿色技术加速开发。随着新能源产业对化工行业绿色发展贡献成效日益凸显,化工行业不断突破行业边界,谋求与新能源耦合降碳技术突破。在低碳技术方向上,化工行业绿色发展技术覆盖范围广、应用程度深,既有传统化工技术的迭代升级,也有创新技术的不断应用;既有工艺流程的重构升级,也有新型产业模式的不断推出;既有源头原料轻质化调整降碳,也有化工生产过程节能降碳。但是面向长远,适应于碳中和的大量技术仍处于研发阶段,大规模工业应用尚需时日。化学工业自身需要在适应以可再生能源为主的电网、氢能、储能等方面,不断加大技术创新力度。

二 化工绿色发展的重要性和紧迫性分析

(一)生态环境国际博弈激烈,绿色发展责任压力加剧

从国际上看,当前环境污染与治理、生态环境改善已经成为全球关注的焦点,人与自然友好发展成为各国经济发展的重要导向。《巴黎协定》是一个长期有效、具有法律意义的重要协定。《巴黎协定》的签订是全球气候治理进程中的里程碑事件。化工是绿色发展的典型领域,早在 20 世纪 80 年代,《控制危险废物越境转移及其处置的巴塞尔公约》《关于国际贸易中某些危险化学品和农药的事先知情同意

程序的鹿特丹公约》等公约相继通过。随后联合国《关于持久性有机污染物的斯德哥尔摩公约》《关于汞的水俣公约》《化学品可持续战略》等一系列环境公约的制定与出台，体现了在化工领域全球各国对生态环境治理的重视程度。主要国家纷纷加入公约，对于发展中国家的排放约束日趋严格，通过国际贸易壁垒等一些手段加剧对发展中国家的低碳约束。当前欧盟碳边境调节机制（CBAM）已经开始试运行，2026～2034 年将逐步全面实施，欧盟成为世界范围内征收"碳关税"的先行者。出口产品任何一个供应链环节如果达到征收标准，将被征收碳关税。虽然目前在化工领域，只有化肥和氢属于征收范围，但未来更多品类的有机化学品极有可能被纳入征收范围，这将对化工行业提前主动布局绿色发展造成影响。

（二）促进产业绿色可持续发展是破解化工资源瓶颈的必要举措

化工行业是国民经济发展的重要行业，下游链条长，行业覆盖面广，产品丰富，化工行业在大部分地区优势产业布局中都占有一席之地，在各地化工行业加速发展的进程中，资源约束成为化工行业发展的重要瓶颈。在资源受限的背景下，化工行业生产规模进一步扩大受阻，叠加生产周期因素影响，化工行业的供应链条资源有效保障存在困难，进而成为化工行业可持续发展的重要制约因素。在化工资源方面，我国除了盐矿资源相对丰富，其他很多化工资源都比较短缺，"缺油少气"局面长期存在，且成为化工行业绿色可持续发展的重要制约因素。石油、天然气、钾矿、磷矿、锂矿、硼矿资源是化工行业的重要资源，但都难以满足我国化工行业发展需求，2023 年，我国原油进口量 5.64 亿吨、加工量 7.35 亿吨，都创历史新高。党的二十大对新时代新征程推进美丽中国建设、促进人与自然和谐共生作出战略部署，强调要统筹产业结构调整、污染治理、生态保护、应对气候变化，协同推进降碳、减污、扩绿、增长，推进生态优先、节约集约、绿色低碳发展。面对资源短缺问题，不能一味过度开发、用尽耗尽，促进化工行业绿色可持续发展是破解化工资源瓶颈的必要举措。

（三）绿色技术与产品市场需求加大，绿色安全是企业可持续发展的重要保障

绿色发展理念已成为推进新型工业化的重要内容，尤其是"双碳"目标的提出，更为我国石化化工行业转型升级提出了更高要求、明确了发展方向。在石化化工行业绿色发展的新趋势下，着力发展绿色制造体系和绿色产品，培育壮大生物化工，提高化工资源循环利用效率，已成为化工行业发展的重要趋势。发展生物质、生物炼制所需酶种、新型生物菌种，进一步加大生物基大宗化学品有效开发利用力度，实现对传统石化能源产品的逐渐替代。在绿色发展生态背景下，部分传统产品需求虽有所下降，但绿色化工产品需求增长迅速，尤其是解决我国化工新材料领域短板的产品更是受到业内高度关注，市场需求已成为推动我国石化产业绿色转型的第一动力。化工行业发展，安全是前提，化工产品的绿色发展也对安全发展有一定的促进作用，强化了产品安全保障。

三　化工行业绿色发展路径分析

总体来看，绿色发展已成为石化化工企业发展的必选项，但许多企业对绿色发展的内涵、必要性及重要性认识不够，尚未产生强烈的危机感，绿色发展尚未融入企业整体发展战略。同时，企业在组织架构、业务变革、人才队伍建设等方面的储备不足，在绿色低碳人才资源与创新能力方面存在短板，缺乏懂技术、会管理、能组织、敢突破的复合型人才。企业激励创新的机制和价值创造环境氛围仍需进一步培育，内外结合、技术合作、联合创新的机制和生态体系尚未成熟。应积极发挥数字技术对绿色发展的赋能作用，以技术人才突破为起点，构建化工企业的绿色低碳发展管理体系，激发绿色发展效能效益，实现化工行业可持续发展。

（一）石化化工数字化碳管理架构体系

化工行业数字化碳管理架构体系主要包括实施、综合管控、改进，在组织管理部门的支持和引导下，从化工生产、感知监测和控制减排三个层面建立管理流程，以数字技术的融合应用贯通碳管理全流程，具体如图1所示。

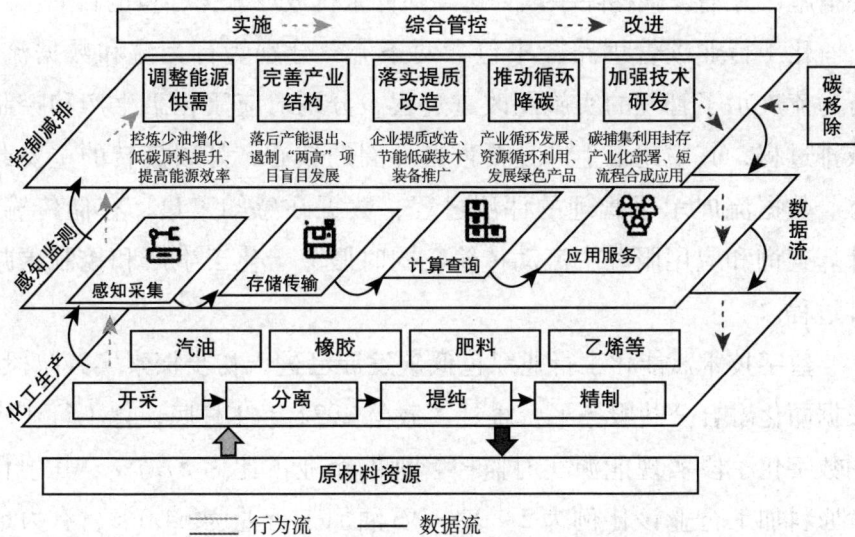

图1 化工行业数字化碳管理架构体系

在化工管理层，健全行业数据管理机制，充分发挥数据要素的绿色发展价值。制定石化化工行业数据管理标准，重点围绕化肥、轮胎、涂料等行业开展标准制定工作，开展试点贯标，进一步加强行业数据标准化规范化管理与应用。加大符合生产工艺流程的数据采集专用设备与技术供给力度，增强有效数据采集能力。实现产、运、储、销、用等全流程数据的实时采集和全面贯通，形成数据驱动的高效运营管理模式。充分发挥数据资源在绿色制造、绿色供应链、绿色园区、绿色安全等方面的积极促进作用。

化工生产层通过原材料开采、蒸馏分离、脱硫提纯、产品精制等过程生产汽油、橡胶、肥料、乙烯等化工产品，在此过程中消耗能源产生碳排放。感知监测层对碳排放进行直接或间接的监测与核算，以此摸清排放底数，为减排提供目标参考，同时周期性监测也能对控制减排的成效进行评估。控制减排层通过调整能源供需、完善产业结构、落实提质改造、推动循环降碳、加强技术研发等一系列碳减排管控措施，并辅以碳移除手段，达到降低碳排放或减少存量的目的。

化工行业碳管理路径中包含两条流，分别为行为流和数据流。行为流展示了管理的实施及改进过程，分别对应于化工生产和控制减排过程，其中化工生产是要素循环圈的核心，是碳流转的主要载体。数据流展示了管理的评测过程，数据在感知采集、存储传输、计算查询和应用服务中流动传输，同时服务于化工生产和控制碳减排过程。

数字技术赋能化工行业绿色低碳发展已进入初步探索实践阶段。根据两化融合公共服务平台统计，截至 2022 年 9 月底，化工行业应用数字化手段实现能源实时监控管理的企业占比为 57.1%，其中化学原料加工行业该比例为 54.9%，石油加工行业为 64.1%，有力地保障了化工行业的碳监测数据基础。超过 1/3 的企业基于数字技术开展绿色研发活动。工业大数据、云计算等数字技术通过云上多地协同，助力绿色低碳研发。46.6% 的化工企业基于数字技术实现在产品全生命周期管控条件下的绿色设计，31.4% 的企业实现了绿色工艺创新。

（二）石化化工行业数字化碳管理路径分析

1. 健全石化化工行业数字化碳管理标准体系

完善石化化工行业数字化碳管理技术标准体系。石化化工行业的生产流程和工艺流程存在大量的碳排放，制定完善化工工艺数字化模拟仿真、工艺参数在线检测、物性结构在线快速识别判定等仿真感知技术应用标准，研制过程控制软件、全流程智能控制系统、故障诊断与预测性维护等控制技术应用标准，特别是在数字技术与业务流程融合过程中，完善碳管理标准，完善化工行业碳数据采集、治理、应用等标准体系。开展智慧低碳化工园区、智能工厂、化工工业软件、数字化碳管理项目建设、绿色产品标识等通用类管理标准的制定/修订，筑牢行业数字化碳管理的服务标准支撑。

2. 开展数字绿色核心技术攻关，深化典型场景绿色技术应用

针对响应油品及化工产品需求变化、提高产品收率降本增效，提高风险感知、预警能力等安全生产水平，提高碳排放可视化、优化调节等清洁生产水平实际需求，一是做好碳数据管理工作，针对仪器仪表、智能装备设备等必要的基础设施及系统，部署推进关键环节节点碳管理全覆盖，基于办公网、生产网、视频监控网、物联网、工控网等融合通信网络，实现碳管理数据的实时采集、动态管理，保障生产过程中关键要素的高效通信能力和先进算力。二是做好关键核心技术攻关，应用先进的传感技术、监测系统和数据分析方法，提升生产过程中的碳管理的主动管理和预警水平；通过数据分析和模型预测，优化工艺流程和设备维护策略，提高资源利用水平。三是做好技术推广应用工作，鼓励专业碳管理服务商、科研院所、智库机构、炼化石化行业上下游企业进行优势资源整合，建立生态圈合作关系，推进实现先进数字化碳管理的应用突破。

3. 提升供应商解决方案供给能力

提升专业化解决方案供给能力。面向炼化行业，针对加工流程长、全程封闭、计量不准确等问题，提供全流程生产平衡、调度协调优化、物料计量统计、应急建模估算分析等解决方案。面向轮胎行业，针对智能在线监测、产品自主搬运、质量追溯控制等环节，提升轮胎内胎缺陷检测、搬运机器人算法控制、质量标识解析等专业化解决方案供给能力。面向氯碱行业，针对关键过程监管、工艺参数控制等环节，提供物联网在线监测、知识模型创建等专业化解决方案。面向精细化工行业，针对多品种小批量加工销售模式，提供精准计划排程、生产订单跟踪、运营生产管理一体化管控、智慧供应链、电子商务一体化等解决方案。

4. 提升石化化工行业数字化碳管理公共服务能力

打造石化化工行业数字化碳管理公共服务平台，推动行业公共服务平台的建设和运营，鼓励设备上云用云，实现远程运行监测、控制管理、质量追溯、预防性维护、数据存储、模型测算等功能。建设资源协同、精细管理、智慧安监、智慧运营、综合服务、数据治理等内容板块，企业可享受平台化服务管理、数据信息安全共享、上下游数字化资源利用等服务。

四　结束语

从国际和国内形势看，化工行业绿色低碳发展已经成为产业转型升级、新型工业化推进的必选项，我国积极布局相关顶层设计、技术突破、体系构建、载体建设等相关工作，化工行业绿色低碳发展势头良好。但由于化工行业本身的排碳、治碳属性，化工行业绿色低碳发展整体压力较大，充分发挥数字技术赋能作用，探索数字化碳管理路径方法是实现化工行业绿色低碳发展的必要举措。但在发展过程中，必须注意到化工行业绿色低碳发展要符合自身发展规律、切合当前产业发展实际情况，是一个渐进式的发展过程，避免搞"一刀切"，也要避免"大水漫灌式"发展。要以保障供给行业整体安全为前提，确保产业链供应链安全与柔性发展，统筹考虑生产发展需求和绿色低碳远景，积极稳妥推进碳达峰任务。

参考文献

温倩、郑宝山、王钰等：《石化和化工行业碳达峰、碳中和路径探讨》，《化学工业》2022年第1期。

王红秋：《新发展阶段我国石化化工行业面临的机遇与挑战》，《石油科技论坛》2022年第5期。

王德亮、周志茂、林梦蕾：《中国炼油转型化工现状及发展约束因素的思考》，《化工进展》2021年第10期。

郑倩：《中国石油化工行业现状分析及发展建议》，《当代石油石化》2023年第7期。

吴佳晨：《浅析我国石油化工行业发展趋势与应对措施》，《石油化工设计》2022年第2期。

B.8
纺织行业绿色低碳创新发展趋势分析与建议

张宏博　孟琦　赵珏昱　师丽娟　孙玉龙*

摘　要:　纺织行业作为国民经济与社会发展的重要支柱行业，长期以来始终朝着绿色低碳的方向迈进。然而绿色低碳理念普及度低、技术创新与研发投入的不足、政策法规的不完善和监管的不到位制约了纺织行业绿色低碳的创新发展。在对发展现状分析的基础上，本文提出纺织行业4个发展趋势：一是纺织材料绿色化为行业提供更多绿色低碳选择；二是关键技术升级推动行业全链条绿色转型；三是数字化智能化水平提升推动制造绿色化发展；四是绿色消费理念不断深入。针对4个发展趋势分别从政府、企业、技术和国际合作等方面提出相关建议，为我国纺织行业发展和环境保护作出更大贡献。

关键词:　纺织行业　绿色低碳　绿色材料　绿色制造　绿色消费

---

* 张宏博，博士，国家工业信息安全发展研究中心信息化所工程师，从事"双碳"、两化融合等相关领域研究；孟琦，国家工业信息安全发展研究中心信息化所高级工程师，从事"双碳"、两化融合、数字化转型等相关领域研究；赵珏昱，国家工业信息安全发展研究中心信息化所工程师，从事数字化转型、工业互联网、两化融合等相关领域研究；师丽娟，博士，国家工业信息安全发展研究中心信息化所高级工程师，从事"双碳"、两化融合、工业互联网、数字化转型等相关领域研究；孙玉龙，国家工业信息安全发展研究中心信息化所工程师，从事数字化绿色化协同转型发展、产业数字化转型相关领域研究。

一 我国纺织行业绿色低碳发展现状

作为我国传统的支柱行业之一，纺织行业经过多年的发展，取得了显著的成就，为国家经济发展作出了重要贡献。但是，由于纺织行业是劳动密集型产业，传统的生产方式往往存在成本高、效率低、劳动力密集等问题，而绿色低碳建设则对纺织行业的发展带来重要影响。主要体现在以下方面。一是有助于减少环境污染、节约资源，通过引入清洁生产技术和环保设备，能有效减少对环境的污染，同时，通过推广节能技术和循环利用技术，能实现资源的有效利用和节约，降低纺织生产过程中水、能源和原材料的生产成本。二是有助于提升企业竞争力，通过优化产品设计和生产工艺，从源头抓起提高产品质量和附加值。三是有助于推动纺织行业朝高端、智能、绿色化方向发展，实现产业转型升级。

（一）取得的成效

1. 纺织行业绿色制造体系初步建立

通过推广绿色设计、绿色工厂、绿色供应链等理念，纺织行业在产品设计、生产、销售等全过程中都贯彻了绿色发展理念。同时，清洁生产技术研发应用持续增强，如短流程印染、少水印染等；各种节能设备及资源综合利用技术应用面不断扩大，天然气、光伏发电等清洁能源利用占比上升；废旧纤维制品物理法、化学法、物理化学法回收再利用关键技术全面突破。截至2022年，全行业共有362种绿色设计产品、107家绿色工厂、16家绿色供应链管理示范企业、29家绿色设计示范企业被列入工信部绿色制造体系建设名单。

2. 纺织行业清洁生产水平大幅提高

在工艺节能技术提升方面，采用短流程工艺、低温工艺，实施连续式生产方式，使用天然气、中压蒸汽等绿色能源，降低能源消耗，提高绿色能源使用比例。在设备节能改造方面，淘汰高耗能生产装备，使用节能型设备装置，对老旧设备进行节能改造，使用节能电机、节能风机等。得益于行业内从原材料选择、生产工艺优化到废弃物处理等多个环节广泛推广和应用先进清洁生产技术，纺织生产过程中的能源消耗、水资源消耗以及污染物排放都得到了有效控制。

3. 纺织行业能源资源利用效率持续提升

"十三五"以来，喷水织造废水回用、印染废水分质处理、膜法水处理等废水资源化技术在行业内得到推广应用，印染废水热能回收、定形机尾气热能回收等热能回收技术得到普遍应用，纺织行业能源资源利用效率持续提升。在产能增加的基础上，能源消耗量保持微增长，万元产值综合能耗下降25.5%；能源结构持续优化，二次能源占比达到72.5%；污染减排成效显著，纺织行业废水排放量、化学需氧量和氨氮排放量累计下降超过10%；废气治理和污泥无害化处置水平进一步提高①。

（二）面临的困境

1. 市场对绿色低碳理念仍然缺乏系统性认知，影响纺织行业转型推进深度

目前，市场对绿色低碳理念的认知仍需提升。市场上对绿色、环保纺织产品的需求尚未完全形成，消费者对于绿色低碳产品的认知度和接受度还有待提高，这使纺织企业在推进绿色低碳转型时缺乏足够的市场动力和支持。同时，部分企业对绿色低碳发展仍然缺乏重视，依然采用传统的高能耗、高污染的生产工艺，导致资源浪费和环境污染。

---

① 数据来源于《纺织行业"十四五"绿色发展指导意见》。

2. 技术创新和研发投入不足是纺织行业绿色低碳转型面临的一大难题

尽管近年来纺织行业在清洁生产技术和环保材料方面取得了一些进展，但整体上仍缺乏具有突破性的技术创新，这导致纺织行业在节能减排、资源循环利用等方面难以取得显著成效，制约了绿色低碳转型的进程；而且实现绿色低碳生产需要企业投入大量资金用于技术升级、设备改造和污染治理等。对于许多中小纺织企业来说，由于自身规模小、效益不稳定，在融资过程中存在一定的困难，它们在转型过程中会面临资金短缺的困境。

3. 政策法规不完善、监管不到位以及处于产业链低端环节等因素制约纺织行业绿色低碳转型进程

尽管政府出台了一系列支持绿色低碳发展的政策措施，但在具体执行和监管方面仍存在一些问题，如政策执行力度不够、监管标准不统一等，这影响了纺织行业绿色低碳转型的推进效果。同时，我国纺织行业在全球产业链中主要处于中低端环节，对于上游原材料和下游市场的掌控力相对较弱，这使纺织行业在推进绿色低碳转型时难以形成有效的合力，也限制了其绿色低碳转型的进程。

二 我国纺织行业绿色低碳发展趋势分析

（一）绿色材料：从纺织源头为行业带来更多绿色低碳的纺织材料选择

绿色材料作为纺织行业全产业链的源头，其研发和应用深刻影响着整个行业的可持续发展。在"科技、时尚、绿色"成为纺织行业新定位的背景下，许多纤维纱线企业开始在绿色新材料领域寻求突破，从产品生命周期的初始，为行业带来更多绿色低碳的纺织材料选择。

1. 纺织绿色材料类型多样

纺织行业的绿色材料主要包括：没使用化学农药和化学肥料种植的有机棉，由天然植物材料或再生纤维制成的可降解纤维，通过回收利用废弃物或纺织品制成的再生纤维，从牛奶蛋白质中提取而成的牛奶纤维，从褐藻中提取的天然多糖制成的海藻纤维等。随着人们环保意识的提高，未来这些绿色材料研发和应用将成为纺织行业发展的重点方向。而且未来纺织绿色材料将更加注重功能性，以满足人们需求的多样化。

2. 纺织绿色材料应用广泛

纺织绿色材料已经渗透到我们生活的方方面面，主要包括如下方面：服装行业，有机棉、再生纤维、牛奶纤维等绿色材料制成的服装不仅环保，而且舒适度高；家居纺织品，绿色材料可应用于床单、被罩、窗帘、地毯等纺织品的制作，不仅环保耐用，而且能创造一个健康、舒适的家居环境；工业纺织品，可降解纤维制成的包装袋、绳索等，不仅降低了对环境的污染，还提高了资源的利用率；医疗卫生领域，如甲壳质纤维等，具有优良的抗菌性能，非常适用于制作医疗用品，如手术服、口罩等。

（二）绿色技术：关键环节技术升级推动纺织行业全链条绿色低碳转型

后疫情时代，全球将提供更多资金和资源用于绿色技术的创新突破以提振经济，纺织行业关键环节的技术升级将不断推动产业链全链条的绿色低碳转型，为经济增长提供新动力，也将为经济社会稳定发展提供重要支撑。

1. 绿色材料研发设计与制造技术

纺织行业将推动绿色纤维材料、绿色面料等产品的设计开发，以满足市场对环保产品的需求。同时，纺织行业将大力研发并推广应用绿色制造技术，着重推进生态印染加工关键技术的突破。这包括发展高效低耗及短流程印染技术、非水介质印染技术、印染废水高效低成本深度处理及回用技术等。这些技术有助于提升纺织面料的品种品质和生产效率，降低能耗、水耗，减少污染物排放量。

2. 废旧纺织品再生利用技术

随着科技的不断进步，废旧纺织品再生利用技术的研发正在加速推进，这些技术的突破将为废旧纺织品的再生利用提供更高效、环保的解决方案，如环境友好条件下涤棉纤维分离等关键技术。而且废旧纺织品再生利用的种类和范围正在不断扩大，废旧纺织品可通过物理回收、化学回收、能量回收等多种方式进行再生利用。此外，政策层面的支持也在推动废旧纺织品再生利用技术的发展。不断完善的政策法规，鼓励和支持废旧纺织品再生利用产业的发展，例如，通过提供税收优惠、资金扶持等方式，降低废旧纺织品再生利用企业的运营成本，提高其市场竞争力。

3. 纺织行业数字化碳管理技术

数字化碳管理旨在充分发挥数字技术在全流程碳管理的创新驱动潜能，从碳监测、碳减排、碳移除及碳资产交易 4 个方面融合赋能。推动纺织行业开展数字化碳管理布局、碳排放相关计量管理、碳中和前沿基础研究等工作，为我国实现碳排放达峰和碳中和目标作出有益贡献。

（三）绿色制造：提升数字化智能化水平，推动纺织行业制造绿色化发展

既要满足全球日益增长的时尚需求而扩大生产规模，又要做到碳消耗总量不增反减是我国纺织行业面临的重要难题。显然，沿用传统生产方式和增长模式无法解决这一难题。因此，生产设备改造升级和智能工厂建设是推进绿色制造的有效途径。

1.绿色低碳生产设备改造升级更新

在设备更新方面，企业应积极淘汰老旧、高能耗的设备，引进具有绿色低碳特性的新型设备。这些新型设备通常具有更高的能效、更低的排放和更好的环保性能，能够显著提升企业的生产效率和环保水平。另外，企业应引进具有先进节能减排功能的设备，减少废水、废气、废渣的产生，提高资源利用效率。

2.绿色低碳智能工厂建设

绿色低碳智能工厂建设要充分利用物联网、大数据、人工智能等先进技术，实现生产过程的智能化管理。通过实时监测和分析生产数据，帮助企业实时监控生产过程中的能耗和排放情况，及时调整生产策略，精确控制生产过程中的各种参数，提高生产效率和产品质量，降低资源浪费和排放。同时，智能工厂通过建立完善的废弃物回收和处理系统，实现废旧纺织品的分类回收和再利用，促进循环经济发展，有助于减少环境污染，还能为企业带来额外的经济效益。

（四）绿色消费：绿色意识提升与法律法规不断健全，促进绿色经济高质量发展

在国内消费升级大趋势引领下，绿色、健康、安全、舒适越来越成为消费者对纺织品服装的基本需求，尤其是经过新冠疫情考验后，人们更加重视安全和健康，绿色生产将成为纺织行业发展的主流方向。

1.绿色纺织品需求不断增加

环保意识的普及和健康意识的提升促进消费者对绿色纺织品需求的不断增加。环保意识方面，随着全球气候变化和环境问题日益严重，越来越多的消费者开始关注自己的消费行为对环境的影响，消费者更倾向于选择那些在生产过程中对环境影响较小、使用环保材料制成的绿色产品；健康意识方面，消费者越来越关注自己的健康和舒适度，更愿意选择那些不含有害物质、对皮肤友好、透气舒

适的纺织品，因而绿色纺织品备受消费者青睐。此外，越来越多的时尚品牌和设计师开始推出绿色纺织品系列，满足消费者对可持续时尚的需求。

2.绿色消费模式保障措施不断健全

一方面，绿色低碳相关标准和法律法规不断完善。建立健全绿色纺织品的环保健康标准，推行绿色纺织品生态设计，提高产品的能效环保低碳水平。同时，推动废旧纺织品回收及综合利用企业的"资源环保"类认证，不仅有助于减少资源消耗、降低环境污染，而且可以为纺织行业提供新的原料来源，促进可持续发展。另一方面，建设绿色供应链，推动产业链上下游企业共同参与绿色消费模式的构建。企业采用环保材料、节能技术和清洁生产方式，降低生产过程中的环境污染和资源消耗。同时，加强绿色供应链的管理和协作，确保产品从原材料采购到生产、销售、回收等各个环节都符合绿色要求。

三 推动我国纺织行业绿色低碳创新发展的建议

（一）加强政府引导和监管

进一步健全完善相关政策和法规，积极鼓励企业采用低碳技术和设备，并提供财政支持和税收优惠。设立奖励机制，鼓励企业在节能减排和环境保护方面取得突出成绩。组织专家和学者进行技术指导，帮助企业掌握节能减排和环保技术。此外，政府要加大对纺织企业的排污检查和监测力度，对不符合要求的企业进行处罚和整改，鼓励公众对环境违法行为进行举报，加强对环境违法行为的查处和打击。

（二）提高企业环保意识

企业应提高自身的环保意识和责任感，积极采取措施减少能源消耗和排放，推动循环经济发展，使整个纺织行业朝着绿色健康的方向发展。同时，进一步加强员工培训，培养员工的科学低碳意识，让企业各岗位员工在了解、认可低碳生产的同时，从自身做起，将低碳理念深入贯彻到工作和生活中，不断提高环保意识。

（三）加强技术研发和创新

加大对纺织业绿色低碳技术的研发和创新力度，推动技术进步和产业升级。建立创新平台，提供良好的研发环境和条件，吸引优秀的科研人才。鼓励企业与科研机构合作，加强技术创新和成果转化，共同攻克绿色低碳建设的难题。此外，要进一步推动绿色低碳技术在整个产业链的应用和推广。

（四）加强国际合作

建立与国际纺织行业相关的合作机制，加强与国际纺织行业企业的交流和合作，学习借鉴先进的绿色低碳经验和技术，推动纺织行业的可持续发展，如积极参与国际纺织行业的展览会、论坛和研讨会，了解和学习国际纺织行业的最新发展动态和绿色低碳经验。与国际相关纺织行业组织建立信息共享平台，及时了解国际纺织行业的最新技术和政策动态。

四　结束语

通过推行绿色制造、节能减排等措施，我国纺织行业在减少污染物排放、降低能源消耗等方面取得了重要进展。各类环保技术的应用，不仅提高了生产效率、降低了生产成本，还有效地改善了环境质量。然而，我国纺织行业的绿色低碳之路不仅仅是纺织企业的责任，也需要政府、行业协会、科研机构等多方共同努力。相信在各方的努力下，我国纺织行业将更快实现绿色和可持续发展，为我国经济发展和环境保护作出更大的贡献。

参考文献

中国纺织工业联合会：《建设纺织现代化产业体系行动纲要（2022—2035年）》，2023。

《国内聚焦 | 纺织业的绿色低碳发展之路》，https：//mp. weixin. qq. com/s/IGsk-wBPKSns0dPo8FuJyg。

《纺织服装领域双碳政策的发展动向及变化趋势》，中国纺织品进出口商会，2023年6月9日。

《细说纺织服装上中下游产业链企业的低碳发展路径》，碳衡科技，2024年2月7日。

B.9
新能源汽车行业发展现状
与低碳促进措施建议

李立伟　马路遥　梁曈　崔学民*

摘　要：　随着全球环境问题的日益严重和可持续发展的呼声渐高，传统行业的绿色低碳转型变得尤为重要。碳排放增加、资源消耗加剧、空气污染等问题促使汽车行业向绿色低碳发展转型势在必行。本文介绍了我国新能源汽车行业发展现状和节能降碳能力提升路径。发展新能源汽车行业的过程中仍存在诸多亟待解决的问题。为了促进新能源汽车行业更好的发展，助力汽车行业的碳达峰碳中和，政府、产业和企业自身都应当采取相应措施。本文旨在提供实践经验和借鉴，为汽车行业的绿色低碳转型提供参考和启示，通过推动新能源汽车行业的绿色化发展，促进环境保护和可持续发展，实现经济效益与环境效益的双赢。

关键词：　新能源汽车行业　绿色低碳　节能降碳

---

* 李立伟，国家工业信息安全发展研究中心信息化所工程师，从事两化融合、数字化转型、"双碳"等领域的技术与产业研究；马路遥，国家工业信息安全发展研究中心信息化所工程师，从事两化融合、数字化转型、"双碳"等领域的技术与产业研究；梁曈，国家工业信息安全发展研究中心信息化所工程师，从事两化融合、数字化转型、"双碳"等领域的技术与产业研究；崔学民，国家工业信息安全发展研究中心信息化所高级工程师，从事两化融合、数字化转型、"双碳"、计算机与网络等领域的技术与产业研究。

一　中国新能源汽车行业的现状

（一）新能源汽车行业发展现状

近年来，中国政府为了推动新能源汽车的发展，发布了一系列相关政策（见表1）。

表1　2021年政府出台的新能源汽车相关政策

日期	政策名称	内容
2021年12月	《关于2022年新能源汽车推广应用财政补贴的通知》	2022年保持现行购置补贴技术指标体系框架及门档要求不变。2022年，新能源汽车补贴标准在2021年基础上退坡30%；城市公交、道路客运、出租（含网约车）、环卫、城市物流配送、邮政快递、民航机场以及党政机关公务领域符合要求的车辆，补贴标准在2021年基础上退坡20%
2021年11月	《关于提前下达2022年节能减排补助资金预算的通知》	针对新能源汽车补贴，安排约385亿元资金，包括2019~2020年新能源汽车补贴预拨总计183亿元，2016~2018年补贴99.8亿元，2019年补贴101.85亿元
2021年3月	《关于开展2021年新能源汽车下乡活动的通知》	活动时间为2021年3~12月，鼓励参加下乡活动的新能源全车行业相关企业积极参与"双品网购节"，支持企业与电商、互联网平台等合作举办网络购车活动，通过网上促销等方式吸引更多消费者购买
2021年2月	《关于加快建立健全绿色低碳循环发展经济体系的指导意见》	加强物流运输组织管理，加快相关公共信息平台建设和信息共享，发展甩挂运输、共同配送。推广绿色低碳运输工具，淘汰更新或改造老旧车船，港口和机场服务、城市物流配送、邮政快递等领域要优先使用新能源或清洁能源汽车

资料来源：中商情报网。

2021 年 12 月发布的《关于 2022 年新能源汽车推广应用财政补贴的通知》明确指出，2022 年新能源汽车购置补贴技术指标体系框架及门槛要求将保持不变。但补贴标准将在 2021 年的基础上退坡 30%，特定领域如城市公交、道路客运等的补贴退坡 20%。这一政策调整旨在逐步减少财政补贴，推动新能源汽车行业向市场化过渡，同时也鼓励企业提高技术水平和产品质量，以降低生产成本、减少对政府补贴的依赖。

2021 年 11 月发布的《关于提前下达 2022 年节能减排补助资金预算的通知》中，政府安排了约 385 亿元的资金用于新能源汽车补贴，这包括了 2019～2020 年的新能源汽车补贴预拨总计 183 亿元，以及之前年份的补贴资金。这一举措为新能源汽车行业提供了稳定的资金支持，有助于推动行业的持续发展。

2021 年 3 月发布的《关于开展 2021 年新能源汽车下乡活动的通知》旨在通过网购节等活动形式，鼓励新能源汽车相关企业积极参与，与电商、互联网平台等合作，吸引更多消费者购买新能源汽车。这不仅有助于扩大新能源汽车的市场份额，还能提升消费者对新能源汽车的认知和接受度。

2021 年 2 月发布的《关于加快建立健全绿色低碳循环发展经济体系的指导意见》中，强调了加强物流运输组织管理，推广绿色低碳运输工具的重要性，并提出要优先使用新能源或清洁能源汽车。这一政策导向将促进新能源汽车在港口、机场服务、城市物流配送、邮政快递等领域的应用，进一步推动新能源汽车行业的发展。

政府通过一系列政策的发布和实施，为新能源汽车行业的发展提供了有力的支持和保障。这些政策不仅有助于扩大新能源汽车的市场规模，还将推动行业技术的创新和进步，为中国新能源汽车产业的健康发展奠定了坚实基础。

（二）新能源汽车销量及设施现状

近年来，新能源汽车的产量和销量呈现快速增长的趋势。从数据中可以看出，自2016年至2023年，新能源汽车的产量从41.8万辆增长至958.7万辆（见图1），销量也从40.9万辆增长至945.5万辆（见图2），增长幅度非常显著。特别是在2021~2023年，无论是产量还是销量都实现了跨越式的增长，这显示了新能源汽车市场的强劲需求和巨大潜力。

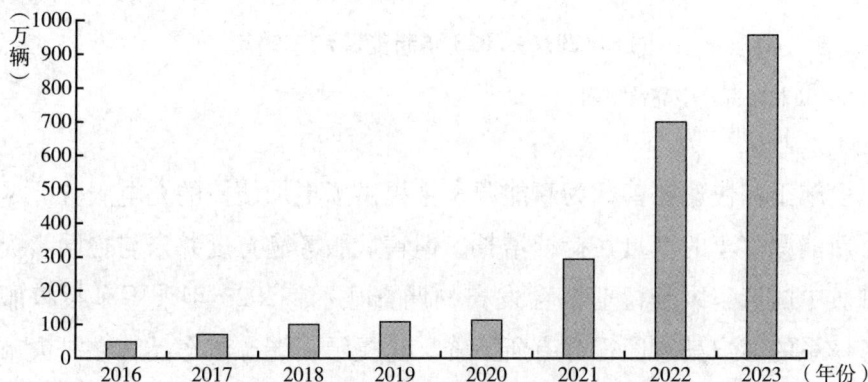

图1　2016~2023年新能源汽车产量

这种增长趋势不仅反映了消费者对新能源汽车的接受度越来越高，也体现了政府在推动新能源汽车发展方面的决心和力度。随着技术的进步和成本的降低，新能源汽车的性价比越来越高，吸引了越来越多的消费者选择购买。

近年来，我国充电桩建设取得了显著进展。截至2023年底，全国累计安装了859.6万台充电桩，同比增长65.0%。其中，公共充电桩数量为272.6万台，同比增长51.7%。① 这意味着新能源汽车的充

---

① 《充电桩运营三足鼎立，蔚来引领换电"扩圈"——2023年全国充换电基础设施运行分析》，http://www.cnautonews.com/chanpin/2024/02/06/detail_2024 0206362872.html。

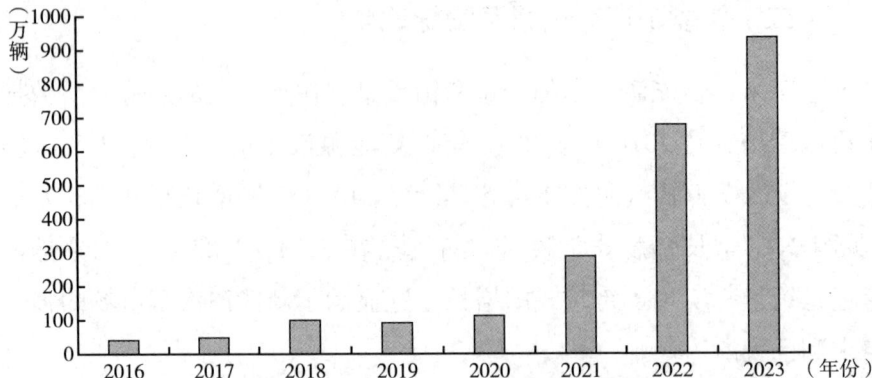

图2   2016~2023年新能源汽车销量

资料来源：中商情报网。

电设施正在快速完善，为新能源车主提供了更加便捷的充电服务。尽管新能源汽车的销量在持续增长，但售后服务满意度并未与之同步提升。中国汽车维修行业协会发布的调查显示，2023年乘用车授权服务体系的客户满意度得分有所下降。这提示新能源汽车品牌在扩大市场份额的同时，也需要重视并提升售后服务质量。

（三）新能源汽车行业绿色发展举措

新能源汽车作为可持续交通的重要组成部分，对于节能降碳具有重要意义。以下是新能源汽车行业在实现绿色发展方面采取的主要举措。

推广电动汽车和混合动力汽车：新能源汽车以电力或电力与传统燃油结合的方式驱动，相比传统燃油汽车能够显著减少尾气排放量，从而降低碳排放、减少空气污染。政府通过提供补贴、建设充电基础设施等措施，推动新能源汽车的普及和使用。

促进能源转型：新能源汽车行业积极探索和采用可再生能源，如太阳能、风能等为车辆充电。这种能源转型可以减少对传统化石燃料的依赖，进一步降低碳排放和环境影响。

提高能源利用效率：新能源汽车行业致力于提高电池技术水平和系统效率，以降低能源消耗。新能源汽车行业通过优化电池组成、改进车辆设计和控制系统等手段，提高能源利用效率，延长续航里程，减少能源浪费。

车辆轻量化设计：新能源汽车行业注重减少车辆自重，采用轻量材料如碳纤维复合材料、铝合金等以降低能耗。轻量化设计既可以提高车辆性能，也能减少能源消耗和碳排放。

推广智能交通系统：新能源汽车行业倡导智能交通系统的发展，包括实时交通管理、智能导航和电动车辆充电网络规划等。这些系统的应用可以优化交通流动，减少拥堵，提高公共交通的效率，进而降低车辆能耗和碳排放。

通过以上措施，新能源汽车行业在绿色发展方面取得了显著进展。不断推动节能降碳技术创新和政策支持，将有助于推动新能源汽车行业的可持续发展，为保护环境、降低碳排放作出贡献。

二 我国新能源汽车行业发展中存在的问题

（一）政策体系与市场环境不完善

尽管政府为了推动新能源汽车行业快速发展，出台了一系列扶持政策，但政策的执行过程中仍存在诸多问题。

首先，政策执行不到位。即便政策设计得再完善，但如果不能得到有效执行，其效果也会大打折扣。在政策实际执行过程中，各种因素，包括地方政府的理解和执行力度、相关部门的协调能力等，都可能导致政策无法真正落地。这不仅使政策预期的效果无法实现，还可能对产业的健康发展造成负面影响。

其次，政策缺乏灵活性。新能源汽车行业是一个快速发展的行业，市场需求和技术进步都在不断变化。然而，现有的政策体系往往难以及时调整以适应这些变化，导致政策与实际需求之间脱节。这种不灵活性可能会阻碍行业的创新和发展。

再次，监督力度不足。没有有效的监督机制，就无法确保政策的正确执行和预期效果的实现。

最后，市场发展不均衡。一线城市由于经济发达、消费者购买力较强，对新能源汽车的接受程度相对较高。然而，在中小城市，由于经济发展水平、消费者认知以及充电设施等因素的限制，新能源汽车的推广面临诸多困难。这种市场发展的不均衡影响了新能源汽车行业的规模化发展。

（二）核心技术创新能力不足

新能源汽车相较于传统燃油汽车，其技术架构和关键部件，如动力电池、电动部件以及电子控制技术等，均有着本质的不同。这些领域的技术研发和创新对于新能源汽车的性能、续航里程、安全性以及成本等方面都具有决定性的影响。

然而，当前我国在新能源汽车核心技术的研发上还存在明显不足。尽管近年来国家加大了对新能源汽车技术研发的投入，但与国际先进水平相比，我们在动力电池的能量密度、寿命和安全性，电动部件的效率和可靠性，以及电子控制技术的智能化和精准度等方面还有差距。这种技术上的差距不仅影响了新能源汽车的性能和品质，也制约了行业的进一步发展。

此外，核心技术创新能力不足还直接导致市场上质优产品的缺乏。目前，市场上可供选择的新能源汽车车型种类还不够丰富，消费者在购买新能源汽车时，往往面临着选择范围有限的问题，这无疑会影响消费者的购买意愿和满意度。同时，产品的成熟度低也可能带来使用过程中的不便和安全隐患，进一步影响新能源汽车的市场接受度。

（三）配套设施建设滞后与市场风险

在我国新能源汽车行业的发展过程中，配套设施建设的滞后和市场风险是两个不容忽视的问题。

首先，新能源汽车的配套设施，特别是充电桩和换电站等，其建设进度明显滞后，数量上也显得捉襟见肘，且分布不均衡。在新能源汽车的推广和使用中，充电设施的便捷性至关重要。然而，目前充电桩和换电站的稀缺，使新能源汽车车主在出行时常常面临"充电难"的问题。这种配套设施的不完善，不仅给车主带来了极大的不便，更严重制约了新能源汽车的推广速度。

其次，新能源汽车行业还面临着巨大的市场风险。这个行业需要投入大量的资金进行研发和生产，但如果最终的产品无法得到市场的认可，那么这些投入就可能化为乌有，给企业带来巨大的经济损失。同时，新能源汽车的市场价格相较于传统汽车仍然偏高，这使很多消费者在购买时持观望态度。再加上消费者对新能源汽车的认知还不足，对其性能、续航里程、充电设施等方面存在疑虑，这进一步增加了市场推广的难度。

三　我国新能源汽车行业发展措施建议

（一）加强政策引导，促进市场均衡发展

为了推动新能源汽车市场的均衡发展，首先要加强政策引导。这意味着需要继续完善新能源汽车政策体系，确保政策的连续性和稳定性，从而为企业提供明确的政策预期，使企业能够更有信心地进行长

期投资和创新研发。政策的连续性和稳定性是市场健康发展的基石，只有在这个基础上，企业才能作出合理的商业决策，推动产业的持续发展。

同时，政府必须加强对政策执行过程的监督和评估。要确保这些政策能够真正落地并发挥出预期的作用。通过定期的监督和评估，政府可以及时发现政策执行中的问题，并进行相应的调整和优化，以保证政策的有效性。

此外，为了促进市场的均衡发展，政府还需要采取差异化的政策策略。目前，新能源汽车市场在一线城市的发展相对较快，而在中小城市和农村地区的发展则相对滞后。为了改变这一现状，政府可以通过提供税收优惠、购车补贴等政策措施，鼓励中小城市和农村地区的新能源汽车推广。这样不仅可以扩大新能源汽车的市场规模，还有助于缩小市场发展的地域差距，实现更为均衡的发展。

综上所述，政府在新能源汽车行业的发展中扮演着至关重要的角色。通过加强政策引导与执行，政府可以为行业的健康发展提供有力保障，并推动市场实现更为均衡的发展。这不仅有利于行业的长期可持续发展，也有助于提升我国新能源汽车行业的国际竞争力。

（二）加大技术研发投入，提升核心创新能力

技术的创新与突破是推动新能源汽车行业持续进步的核心动力。为此，企业必须加大对新能源汽车核心技术的研发投入，特别是要在动力电池、电动部件和电子控制技术等关键领域进行深入研究。这些技术的创新与突破将直接影响新能源汽车的性能、续航里程和用户体验，是决定产品竞争力的关键。

为了实现技术上的突破，企业应积极与高校、科研机构等建立紧密的产学研合作关系。高校和科研机构拥有丰富的研究资源和人才储备，通过合作，企业可以更快地掌握行业前沿技术，加速研发进程。

同时，这种合作模式也有助于培养高端技术人才，为企业的长远发展提供人才保障。

除了企业自身的努力，政府的支持也是不可或缺的。政府可以通过设立专项基金，为企业的研发活动提供资金支持，降低企业的研发风险。此外，政府还可以提供研发税收优惠，进一步减轻企业的税收负担，鼓励企业加大研发投入。这些政策措施将有效激发企业的创新活力，推动新能源汽车技术的持续进步。

综上所述，加大技术研发投入、提升核心创新能力是新能源汽车行业发展的必由之路。只有掌握了核心技术，企业才能在激烈的市场竞争中立于不败之地。同时，政府的支持也是推动行业发展的重要力量，政企携手共进，必将推动我国新能源汽车行业迈向新的高度。

（三）加快配套设施建设，降低市场风险

在新能源汽车的推广过程中，配套设施的完善是至关重要的一环。政府应当进行统筹规划，大力推进充电桩、换电站等基础设施的建设，并确保这些设施的数量和布局能够满足日益增长的新能源汽车充电需求。这不仅需要加大资金投入，还需要科学规划，需要根据新能源汽车的保有量和使用情况，合理布局充电设施，避免出现"充电难"的问题。

同时，降低市场风险也是新能源汽车行业发展必须面对的挑战。政府和企业可以携手合作，共同建立风险分担机制。例如，设立风险投资基金，对新能源汽车的研发、生产和销售环节进行风险投资，以减轻单一企业在面对市场波动时的经济压力。这种风险共担的方式，不仅能够增强企业抵御市场风险的能力，还能促进整个产业链的稳健发展。

除此之外，加强市场推广和宣传工作也是降低市场风险的有效途径。通过加大宣传力度，提高消费者对新能源汽车的认知度和接受度，

可以进一步扩大市场需求，从而降低市场风险。政府和企业可以联合举办新能源汽车知识普及活动，通过各种渠道向消费者传递新能源汽车的环保、节能等优势，以及使用新能源汽车的便利性和经济性。

总的来说，加快配套设施建设、降低市场风险是推动新能源汽车行业健康发展的关键举措。政府、企业和消费者需要共同努力，形成合力，这样才能推动新能源汽车行业迈向更加广阔的未来。

参考文献

《充电桩运营三足鼎立，蔚来引领换电"扩圈"——2023 年全国充换电基础设施运行分析》，http://www.cnautonews.com/chanpin/2024/02/06/detail_ 20240206362872.html。

靳雅洁：《2022 石化产业发展大会化工转型升级分论坛强调——以绿色低碳转型拓行业发展空间》，《中国石油和化工》2022 年第 7 期。

步雪琳：《工业低碳转型的五年蓝图》，《环境经济》2022 年第 1 期。

李金泽、张国生、刘合：《能源产业新能源和传统能源业务融合与绿色发展》，《科技导报》2023 年第 19 期。

殷书炉、孙国良：《金融助力"两高"企业低碳转型》，《中国外汇》2022 年第 2 期。

黄婉婷、刘佳琪、郑孟媛等：《"双碳"目标下电力行业低碳转型发展路径研究——基于淮北市电力企业发展实践》，《现代工业经济和信息化》2022 年第 7 期。

杨友麒：《"双碳"形势下能源化工企业绿色低碳转型进展》，《现代化工》2023 年第 1 期。

徐京辉、王宇超、殷雨田等：《工业电解海水制氢技术及电极材料研究进展》，《低碳化学与化工》（网络首发）2024 年 5 月 14 日。

王佳钰、段海燕：《传统工业城市行业碳达峰模式与发展路径研究——基于七大产业链 108 家企业的案例分析》，《工业技术经济》2023 年第 7 期。

徐文进：《保障能源安全　实现绿色转型》，《唯实》2022 年第 4 期。

李江宁：《云南传统产业绿色低碳转型见成效》，《新能源科技》2022 年第 1 期。

B.10
我国新能源产业发展路径研究与建议

张宏博　孟琦　赵珏昱　师丽娟*

摘　要： 我国新能源产业发展不仅关乎环境保护和气候治理，更是经济转型和高质量发展的重要驱动力。然而，新能源产业仍面临发展规划不完善、新能源电力并网利用率不高和自主创新能力不足等诸多挑战。在此背景下，本文提出通过加强科技创新、市场需求引导、金融财政支持以及制度机制建设等突破瓶颈求发展的关键路径，以实现新能源产业创新发展；并从完善顶层规划、多措并举建设高质量电力系统和加强人才培养等方面给出发展建议。

关键词： 新能源产业　绿色低碳　高质量发展

一　我国新能源产业发展现状

新能源开发利用是世界能源转型的必然趋势。党的二十大报告指出，要深入推进能源革命，加强煤炭清洁高效利用，加大油气资源勘

---

* 张宏博，博士，国家工业信息安全发展研究中心信息化所工程师，从事"双碳"、两化融合等相关领域研究；孟琦，国家工业信息安全发展研究中心信息化所高级工程师，从事"双碳"、两化融合、数字化转型等相关领域研究；赵珏昱，国家工业信息安全发展研究中心信息化所工程师，从事数字化转型、工业互联网、两化融合等相关领域研究；师丽娟，博士，国家工业信息安全发展研究中心信息化所高级工程师，从事"双碳"、两化融合、工业互联网、数字化转型等相关领域研究。

探开发和增储上产力度，加快规划建设新型能源体系，统筹水电开发和生态保护，积极安全有序发展核电，加强能源产供储销体系建设，确保能源安全，为新能源产业高质量发展指明了前进方向。

（一）新能源产业对推动我国工业绿色低碳发展具有重要意义

1. 发展新能源产业是工业绿色低碳转型的核心动力

传统的工业能源结构以煤炭、石油等化石能源为主，这些能源的开采和使用不仅导致大量的碳排放，还对环境造成了严重污染。而新能源产业则提供了太阳能、风能、水能等清洁能源的替代方案，有助于优化工业能源结构、减少环境污染。因此，随着全球能源结构的深刻调整，新能源产业以其清洁、低碳、可再生的特性为工业领域提供了可持续的能源解决方案。通过大力发展和应用新能源技术，我国工业可以逐步减少对化石能源的依赖，降低生产过程中的碳排放，从而实现绿色低碳转型。

2. 发展新能源产业能够推动工业技术创新和产业升级

一是新能源领域涵盖了风能、太阳能、水能、生物能等多种能源形式，每种能源形式的开发利用都需要不断的技术创新。例如，太阳能电池的效率提升、风力发电机的叶片设计优化、储能技术的突破等，都是新能源产业技术创新的重要体现。这些技术创新不仅推动了新能源产业自身的发展，也为其他工业领域提供了技术支持和创新思路。二是随着新能源技术的不断成熟和应用范围的扩大，传统工业领域也开始逐步引入新能源技术，进行产业升级。例如，交通运输领域开始大力推广电动汽车，减少对传统燃油的依赖；建筑行业也开始采用太阳能、地热能等新能源技术，提高建筑的能效。这些产业升级不仅有助于减少环境污染、降低能耗，还能提高产业的附加值和竞争力。

3. 发展新能源产业还有助于缓解我国能源安全压力

随着全球能源市场的不断变化和我国经济的持续发展，能源安全问题日益凸显。发展新能源产业有助于提高我国能源供应的安全性和稳定性。一是发展新能源产业有助于减少对传统能源的依赖。传统能源，如煤炭、石油和天然气，其供应受到地域限制和国际政治因素的影响，存在一定的安全风险。而新能源，如太阳能、风能等，具有广泛分布和可再生的特点，有助于减少对传统能源的依赖，从而增强我国的能源安全性。二是发展新能源产业还有助于提高能源利用效率。新能源技术通常具有更高的能源转换效率和更低的能源损耗。例如，太阳能光伏板和风力发电机等新能源设备可以直接将自然能源转化为电能，减少了能源转换过程中的损失。这种高效的能源利用方式有助于节约能源，进一步保障我国的能源安全。

（二）我国新能源产业发展成效与瓶颈

1. 我国新能源产业发展取得一系列成效

技术创新方面，我国已形成较为完备的新能源技术体系。水电领域，具备全球最大的百万千瓦水轮机组自主设计制造能力，特高坝和大型地下洞室设计施工能力均具有世界领先水平。风电领域，低风速、抗台风等风电技术水平位居世界前列，10兆瓦以上大容量机组研发保持国际水平。光伏领域，多种技术路线多次刷新电池转换效率世界纪录，光伏产业实现每3年一次技术和生产线升级迭代。此外，我国还在新能源领域研发了新的技术，如潮汐能和地热能的开发利用，这些都展现了我国在新能源技术创新方面的强大实力。

消费增长方面，随着新能源技术的不断成熟和成本的快速下降，各个领域对新能源的需求持续增长。家庭和工业用户对可再生能源的需求逐渐增加，电动汽车的市场规模也在持续扩大。以新能源汽车为例，随着电池技术的进步和充电设施的完善，新能源汽车的续航里程不断增加、便利性得到大幅提升，吸引了越来越多消费者的关注，进一步拉动了新能源产业的消费。此外，光伏和风电设备的生产与安装量持续攀升，截至 2021 年底，我国可再生能源发电累计装机突破 10 亿千瓦，达到 10.63 亿千瓦，是 2012 年底的 3.4 倍，占总发电装机容量的 44.8%，较 2012 年增长 17 个百分点。①

减污降碳方面，一是随着新能源技术的不断发展和应用，越来越多的领域开始采用新能源替代传统能源，显著降低了二氧化硫、氮氧化物等污染物的排放。在交通领域，电动汽车的推广使用也有助于减少燃油汽车的尾气排放、改善空气质量。二是新能源产业的发展推动了能源结构的多元化和清洁化，使能源供应更加环保、高效，碳排放强度不断降低，有助于应对气候变化，也为实现碳中和目标奠定了坚实基础。

2. 我国新能源产业发展面临的问题

产业发展规划不完善。一是新能源产业存在无序化竞争。近年来，中央政府有关部门发布了一系列推动新能源产业发展的政策文件与指导意见，引致地方政府和企业大规模投资新能源产业，一旦市场出现波动、国际经济形势恶化而导致新能源产品出口受限时，新能源产业就容易出现产能过剩问题。二是管理部门职能交叉、权责不明。多方管理容易导致职责不明确、办事效率低下、行政资源浪费及政策法规执行困难等问题。

新能源电力并网利用率不高。近年来，我国新能源装机容量快速增长，但并网比例较低，反映出新能源电力利用率不高的问题。如根据国家能源局发布的数据，2022 年风电装机 3.65 亿千瓦，新增并网风电装机为 3763 万千瓦，并网比例仅有 10% 左右。其原因在于：一是目前我国的新能源涉网性能标准偏低，频率、电压耐受能力有限，

---

① 数据来源于国家能源局。

大规模并网可能导致系统惯性不足。二是新能源具有间歇性、随机性、波动性的特点，通常需以火电机组调峰来保障供电稳定，但由于调峰能力有限，常常导致电力系统调度能力不足，无法为新能源发展服务。

自主创新能力不足。一是新能源产业仅依靠财政补贴无法满足相关技术研发活动的经费需求，又由于新能源项目的投资规模通常较大，且回报周期较长，投资成本和风险较高，因此，大部分企业选择直接从国外购买机器设备，久而久之制约了新能源产业的自主发展。二是优秀科技人才匮乏，自主创新能力偏弱。我国的人才培养偏泛化模式，缺少专业人才的职业教育，因而培养的人才数量、质量无法满足新能源行业的实际需求。而且专业人才的培养速度也无法追赶新兴产业的发展速度。因此，人才问题导致我国新能源产业难以构建起强大的技术研发框架。

二　我国新能源产业发展路径研究

（一）科技+新能源：以科技创新为动力

一是科技创新通过不断研发新技术，推动新能源领域的技术突破。在太阳能领域，新材料和新工艺的研发使太阳能电池的光电转换效率不断提高；在风能领域，新型风力发电机组的研发和设计使风能利用效率显著提高；在储能领域，新型电池技术的出现为新能源的储存和利用提供了更多可能性。

二是科技创新有助于降低新能源设备的制造成本，实现规模化生产。随着生产工艺的改进和制造技术的进步，新能源设备的生产效率不断提高，生产成本逐渐降低，使新能源产品更具市场竞争力。同时，规模化生产也有助于推动新能源产业的快速发展。

三是科技创新可以提高新能源的利用效率、减少能源浪费。优化能源转换和利用过程，降低能源损耗，可以使新能源更好地满足社会的能源需求。例如，智能电网技术的发展使电网能够更加高效地分配和利用新能源。

四是科技创新还推动了新能源产业的创新和升级。新的技术和管理模式不断涌现，使新能源产业在产业结构、产品结构、市场结构等方面都得到优化和升级。这不仅提升了新能源产业的竞争力，也为经济的可持续发展注入新的动力。

（二）市场+新能源：以市场需求为引导

一是市场需求为新能源产业提供了明确的发展方向。随着社会对清洁能源和可持续发展的关注度不断提高，新能源产品的需求量日益增加。新能源企业应密切关注市场动态，深入了解消费者需求，从而确定产品的发展方向。通过生产符合市场需求的新能源产品，企业能够更好地满足消费者需求、提升市场竞争力。

二是市场需求的变化往往要求新能源产业进行技术创新和升级。为了满足消费者对新能源产品性能、质量、安全性等方面的更高要求，企业需要加大研发投入、推动技术创新。企业可以通过开发新技术、新工艺和新材料，提高新能源产品的能效和可靠性，降低生产成本，从而更好地满足市场需求。

三是市场需求的扩大有助于推动新能源产业链的协同发展。新能源产业涉及多个领域，包括设备制造、原材料供应、技术研发、运营维护等。通过加强产业链上下游企业的协同合作，可以形成完整的产业链体系，提高整体竞争力。同时，产业链的协同发展还可以促进资源共享和优势互补、降低生产成本、提高产业效率。

四是建立反馈机制并进行持续改进。市场需求是不断变化的，新能源产业需要建立有效的反馈机制，及时了解市场需求的变化趋势，以便进行持续改进和优化。通过收集用户反馈、市场数据等信息，分析市场需求的变化规律，为企业决策提供依据。同时，加强企业内部管理，提高生产效率和服务质量，不断满足变化的市场需求。

（三）金融+新能源：以金融财政为工具

一是财政支持。政府可以通过实施税收优惠政策，降低新能源企业的税负，从而提高其投资研发和生产新能源产品的积极性，有助于新能源企业降低成本、提高市场竞争力；政府还可以提供直接补贴，支持新能源项目的研发、建设和运营，可以减轻新能源企业在初创期或扩张期的资金压力，鼓励其进行更大规模的投资。

二是金融支持。金融机构可以为新能源企业提供低息贷款，降低其融资成本，有助于新能源企业获得更多的资金支持、扩大生产规模、提高市场竞争力；金融机构可以通过股权投资和债券融资等多元化方式，为新能源企业提供更多的融资渠道，可以满足新能源企业在不同发展阶段的资金需求，促进其持续健康发展；金融机构可以创新金融产品，如绿色债券、绿色基金等，为新能源产业提供更加精准和有效的金融支持。这些创新产品可以吸引更多的社会资本投入新能源产业，推动其快速发展。

（四）制度+新能源：以制度建设为保障

一是法律法规体系建设。制定并完善与新能源产业相关的法律法规，明确产业发展方向、目标和政策措施，通过法律手段规范与引导新能源产业的发展，为产业提供稳定的法律环境。同时，加大对新能源产业领域的执法力度，确保法律法规的有效执行，打击违法行为，维护市场秩序，保护新能源企业的合法权益。

二是产业标准与监管体系建设。制定新能源产业的行业标准、技术标准和安全标准等，规范产业发展，通过标准的制定和实施，提高新能源产品的质量和安全性能，推动产业升级。建立健全新能源产业的监管体系，加强对新能源企业、产品和市场的监管，通过加强监管，保障新能源产业的健康发展和市场的公平竞争。

三是激励机制的建立。建立公平、透明、规范的市场准入与退出机制，为新能源企业提供公平竞争的市场环境。通过优化市场结构，促进新能源产业的健康发展。建立风险补偿机制，对新能源产业中的高风险项目进行风险补偿，降低金融机构的投资风险，推动更多的资金进入该领域。建立人才培养与引进机制，加大对新能源产业人才的培养力度，通过高等教育、职业教育等多种途径培养专业人才，同时制定优惠政策，吸引国内外优秀人才投身新能源产业。通过人才的引进和聚集，推动新能源产业的创新发展。

三　我国新能源产业发展建议

（一）完善顶层规划，统筹全国新能源产业发展方向，避免无序化竞争

一是健全新能源法律法规体系，在科学立法的基础上完善新能源发展规划，围绕能源转型政策体系等关键问题深入开展研究；完善新能源产业发展标准、技术规范、认证体系，以合理的商业模式推进产品绿色认证；统筹央地协同，解决新能源产业无序竞争、产能过剩问题。

二是引入产业发展资金，发挥国有企业资金的引导作用和杠杆作用，吸引更多的社会资本进入新能源领域，可以为新能源企业提供必要的资金支持，帮助其解决研发初期的资金不足问题，推动新能源技术的研发和应用。

三是产业链协同，应加强新能源产业链上下游联动建设，打通信息渠道，完善上下游的合作机制，全力保障产业链的畅通稳定。同时，政府有关部门和行业协会也应对供应链上下游实施科学统筹管理，增强信息透明度，合理调控价格，提高新能源产业链韧性。

（二）多措并举，建设高质量电力系统

一是充分利用数字技术。利用大数据、人工智能等技术提高新能源功率与发电能力预测精度，并基于新型调度运行技术，依托大电网资源配置能力和各地区错峰效应，实现新能源远程集控和多能互补，从而提升电力系统的平衡能力。

二是推动新能源产业多元化发展。风电、光伏发电具有随机性、间歇性的特点，客观上需要一定规模的灵活调节电源与之相匹配，从而保证供电的稳定性。推动"新能源+储能"电站建设，实现新能源与储能设备协调运行。

（三）加强人才培养，加大研发投入，提升自主创新能力

一是产学研用相结合，加强新能源人才培养。加强新能源产业的人才培养梯队建设，以高校教育为主体，推动开设新能源相关专业课程，以产业应用为实践场景，提高人才培养效率。高校教育和产业应用的深度融合一方面能够有效推进技术进步和产业发展，另一方面能为优秀技术人才进入实际的生产和应用环节创造机会。

二是加大研发投入，加大政策扶持力度。应加大研发投入和政策扶持力度，比如，通过在科研管理部门设立专项基金来加大对核心技术等基础研究的投入，除了政府直接投入外，还可以吸纳风险投资基金等各类社会资金，并通过税收优惠政策鼓励新能源企业开展自主研发，加快相关科研成果的顺利转化。

四　结束语

在我国，新能源产业的发展不仅关乎环境保护和气候治理，更是经济转型和高质量发展的重要驱动力。然而，我们也必须清醒地认识到，新能源产业的发展仍面临诸多挑战。在此背景下，加强科技创新、市场需求引导、金融财政支持以及制度机制建设等是突破瓶颈求发展的关键路径。

参考文献

易跃春、辛颂旭、李少彦、夏婷：《可再生能源发展取得历史性成就》，https：//m. thepaper. cn/baijiahao_ 20246289。

邵帅、徐娟：《我国新能源产业高质量发展的瓶颈与对策》，《国家治理》2023 年 9 月。

《浅谈关于中国建设和发展新能源的重要性》，https：//mp. weixin. qq. com/s/mzliU8l-f3cXEdj2Sv-xYg。

《以新能源高质量发展赋能中国式现代化建设》，https：//mp. weixin. qq. com/s/kcooot GJmnOVHcebDWtpfg。

实 践 篇

B.11

工业领域数字化节能降碳
实践路径研究

苏泳睿 杨子江 刘政含 柴纪强*

摘 要： 节能降碳是工业领域绿色化发展的重要任务，随着数字化技术不断成熟，利用数字化应用提高节能降碳效果成为发展的重要趋势。本文基于数字化绿色化协同转型发展，梳理当前工业领域节能降碳发展现状，系统分析当前在工业领域开展节能降碳过程中存在的问题与堵点，深入挖掘其内在根源，尝试性提出数字化绿色化一体服务管理模式，旨在通过数字化应用、融合化应用和绿色化应用协同探索

---

* 苏泳睿，博士，国家工业信息安全发展研究中心信息化所工程师，从事数字化绿色化协同转型发展、产业数字化转型等相关领域研究；杨子江，卡奥斯能源科技有限公司产品解决方案总监，从事数字化绿色化技术应用、综合能源管理相关领域研究；刘政含，卡奥斯能源科技有限公司双碳项目开发经理，从事能碳数字化项目开发、碳中和路径规划相关领域研究；柴纪强，卡奥斯物联科技股份有限公司副总经理，卡奥斯能源科技有限公司总经理，高级工程师，从事综合能源管理、数字化绿色化协同、能源工业互联网相关领域研究。

节能降碳发展新路径，为未来工业领域数字化节能降碳发展提供理论参考与实践尝试。

关键词： 节能降碳　数字化技术　工业领域

一　工业领域节能降碳发展现状

（一）装备维度

工业领域作为能源消耗的重点领域与碳排放的主要源头，已逐步成为我国节能降碳绿色可持续发展的重要一环。节能、环保、高效装备的广泛应用，对推动工业领域绿色转型产生了积极影响。锁定产业发展需求，发力装备技术创新，以智能化、绿色化、融合化为特征，优化装备结构、使用新型材料、升级工艺流程等，助力工业节能降碳，探索产业新发展。

近年来，高效节能装备如磁悬浮制冷机、高效锅炉、节能变压器、节能电机等已在工业领域广泛应用，并产生了优异的节能效果；同时，节能装备的发展也与数字化建设紧密结合。物联网技术结合高效节能设备的使用，不仅可远程监测并管理现场的硬件设备，还可根据工艺过程实时调控运行参数达到最优生产效率及能源利用率。通过安装传感器和监控设备，可实时监测设备的运行状态、能源消耗等信息，并通过网络将这些信息传输到数据中心进行分析和处理，以促进能源的协同管理和优化调度，避免能源的浪费和重复投入。

清洁能源装备的使用是工业领域实现低碳发展的又一新突破。风电、光伏及新型储能系统中新材料、新工艺、新器件、新机理的升级，不仅为工业领域节能降碳提供了新维度、新动能、新方法，也提升了企业的信息化、数字化、智能化水平。

智能装备通过互感器、控制器等部件实现设备的智能化和自动化运行，企业通过应用智能设备对生产过程进行精细化控制及优化，以此降低能源使用量。但目前我国节能装备及清洁能源装备等研发成本较高，因此，企业对新装备的接受度普遍不高。需要不断进行技术创新，以满足企业对装备性能和效率的需求。

（二）技术维度

通过数字化技术手段赋能企业经营管理模式、运营机制、生产工艺流程等优化升级转型，有助于应对不断升级的市场需求、提升企业竞争力、提高能源效率、优化能源结构。从技术维度进行创新以及推动能源结构优化是实现工业节能降碳的突破口。

企业普遍通过使用高效节能技术直接降低能源使用量，常见的节能技术包括余热回收技术、能源阶梯技术及高效燃烧技术等。全氧、富氧、电熔等节能降耗技术在提升生产效率的同时还可以降低能耗。随着信息技术的不断进步，数字化技术与工业生产的结合也成为实现节能降碳目标的方法。

底层物联装备对用能、生产等过程数据抓取后，将数据在工业互联网平台上进行可视化。机器学习和大数据分析、云计算等技术则帮助企业进行设备运行状态及能源消耗情况的预测，从而帮助企业进行预防性维护及规划调度。人工智能技术与生产工艺的结合使生产过程更加自动化、智能化，避免能源的损失和浪费。为减少对化石燃料的依赖，越来越多的工业企业通过智能微电网技术，提高绿色电力消纳比例，从源头上减少温室气体的排放。除此之外，化工、石油行业根据自身行业特性，创新研发碳捕集与封存技术，清除碳排放并将其加以利用，推动工业绿色转型。

（三）工作方法维度

越来越多的企业重视能源管理工作，通过建立能源管理体系、搭建能碳监测平台等手段，识别高耗能场景，寻找减碳降耗的潜在机会。为满足企业节能需求、挖掘节能潜力，国家每年对3000家以上重点企业实施节能诊断，通过诊断分析企业用能不合理情况，为企业提供节能及减排建议，以优化能源利用结构、提高生产效率。

传统的节能诊断依赖人工进行现场调研和数据分析，现在通过搭建能源管理系统平台，可实现对能源数据的实时监控和分析，快速发现能源利用问题并提出相应整改举措。企业通过建立能源管理系统，制定节能目标和管理制度，以此实施节能措施、进行监测评估，最终形成闭环式节能降碳工作流程。

政府及公共管理部门通过节能监测对企业能源利用情况进行监督监测，促进企业落实节能措施。监测机构通过与企业建立沟通机制，了解企业的能源利用情况和节能需求，为企业提供专业的节能建议和技术支持。为规范重点行业温室气体排放数据，每年3月31日前，重点行业企业需编制上一年度温室气体排放报告。通过碳排放权的交易，激励企业降碳减碳，发挥市场机制作用。绿色金融是实现"双碳"目标的重要推动力，绿色信贷余额的稳步增长为企业低碳创新发展提供资金来源。另外，很多工业企业通过能源审计、合同能源管理等手段与外部节能服务公司合作，进行全面审核、评价能源利用情况。节能服务公司根据能源、工艺等使用情况，为企业提供定制化全流程节能解决方案，共同推动节能降碳工作。绿色制造和循环经济等理念贯穿工业制造过程，强调减少资源消耗和环境污染，实现可持续发展。

二　节能降碳过程中存在的难点

（一）节能降碳意识不强、理解不深

目前，仍有相当数量的企业对节能降碳的理解停留在政策法规的限定要求和增加企业运营成本层面，导致企业主动节能降碳意识不强、力度不足，未对节能降碳的内在逻辑与机理进行深度挖掘，直接影响着企业绿色化发展进程。节能降碳是为了降低企业运行成本、提高生产效能和产品质量、减少运行能耗，其首要作用是提高企业收益。通过节能降碳的措施与方法，降低企业日常运行中的损耗成本，直接提升了产品的附加值。同等条件下，当成本降低、价格不变时，收益自然增多。然而在实际情况中，部分企业经营管理较为粗放，或者顾虑提高节能降碳水平所带来的成本投入，导致节能降碳工作主观性不强、实际应用效果尚未完全显现。

（二）数据监测成本高昂，流程复杂

数据监测是节能降碳工作中的重点环节，也是难点所在。监测企业能耗排放情况不仅需要了解企业所要缴纳的相关费用，更需要在生产工艺环节中加装专业监测设备，进行数据收集。此外，由于工艺环节不同，所使用的数据采集设备不同，因此，若想全流程统计能源消耗情况，需要进行系统性改造，汇聚各部分数据内容，在统一体系框架下，根据相应公式计算，整个流程相对复杂且具有针对性，不同性质企业采取的方案不同，因此，在一定程度上增加了数据监测工作的成本与困难，对于数据汇集与处理也带来不小的挑战。

（三）节能空间捕捉困难，专业性强

精准捕捉节能空间是提升节能降碳效果的最佳途径，但在实际操

作过程中，寻找节能空间存在较大难度，总结归纳为三个方面。一是捕捉节能空间需要具备较强的理论储备和专业实操能力。节能空间是指在企业日常运转、产生正常能耗的基础上，寻找到可以进一步节约能源消耗、降低碳排放量的环节，在实践过程中会受到各种因素影响，存在一定的困难。二是节能空间需要在保证不影响正常生产的前提下去挖掘与寻找，需要兼顾生产与运营成本，容错率相对较低，试错成本较高。三是捕捉节能空间需要深入各个生产流程中，需要充分掌握各生产流程的特点及要素，还需全面了解节能降碳知识，对人才素质和专业能力都有较高的要求。

（四）节能改造堵点重重，工艺烦冗

工业企业的最大特征之一就是工艺流程纷繁复杂，不同细分行业工艺流程不同，工艺流程具有较强的特殊性与针对性。节能改造聚焦于企业生产制造中的各个环节，进行定制化流程设计，开展工艺改造、能耗监测等内容。对于企业而言，每一项制造流程、工艺技法都具有较高的专业性与规范性，进行节能改造势必改变原有生产模式，那么，能够在不影响正常运转的情况下改变原有生产模式是进行节能改造前首先要突破的重要关卡。因此，实现全面的节能改造在客观上面临多重挑战。

（五）数字应用水平有待提升，进度较缓

节能降碳是工业企业长期开展的传统工作内容，具有相对稳固和成熟的工作方法与模式。数字化作为新一代信息科学技术，正处在与原有产业深度融合的阶段。数字化技术与手段能够有效提升节能降碳效果。大量的实践结论辅以证明了数字化应用的优势与特点。虽然工业领域数字化转型正处于全面实施应用阶段，但相对于节能降碳工作的发展速度和要求而言，数字化技术的应用深度尚显不足。随着我国

产业发展向高端化、智能化、绿色化迈进，充分利用数字化技术持续提升节能降碳效果的要求越来越迫切，加快提升数字应用在节能降碳领域的赋能效果是下一步工作的重点方向。

三　构建基于数字化绿色化协同转型的节能降碳模式

针对目前工业领域节能降碳发展现状及存在的问题，构建一套具有数字化绿色化协同发展的工作模式十分重要。要通过数字化手段赋能绿色化发展，根据绿色化要求牵引数字化能力提升，应用数字化提高节能降碳水平，有力推进发展方式数字化转型，推动产业向高端化、智能化、绿色化、融合化迈进。

基于数字化绿色化协同转型的节能降碳模式总体构思为：一网统管，三方共转。"一网"指的是包含数字化、绿色化、融合化应用内容的一体服务管理模式，其核心内容为充分激发数据活力，通过数据采集、监测、挖掘、管理、应用等内容，提升节能降碳效果，推动数字化转型，增强竞争力与活力，实现提质增效、降本增益的发展目标。"三方"指的是数字化应用、绿色化应用和融合化应用，通过数字化手段、绿色化要求、融合化方式协同推进企业节能降碳，其中融合化作为数字化绿色化协同共转之间的黏合剂，有力实现三方协调共进，合力推动数字化赋能节能降碳、绿色发展如图1所示。

数字化绿色化一体服务管理模式主要实现数字化和绿色化两方面作用。数字化部分主要是对数据进行采集、监测、挖掘、处理、应用等处理，需要根据企业特性和节能降碳工作开展的实际路径，部署相应软硬件设备，实现数据动态化收集，及时掌握数据的变化情况，根据周期分析结果，精准捕捉发展过程中存在的难点与堵点，定期调整发展策略。利用数字化方式更加直观地反映发展情况，了解节能降碳

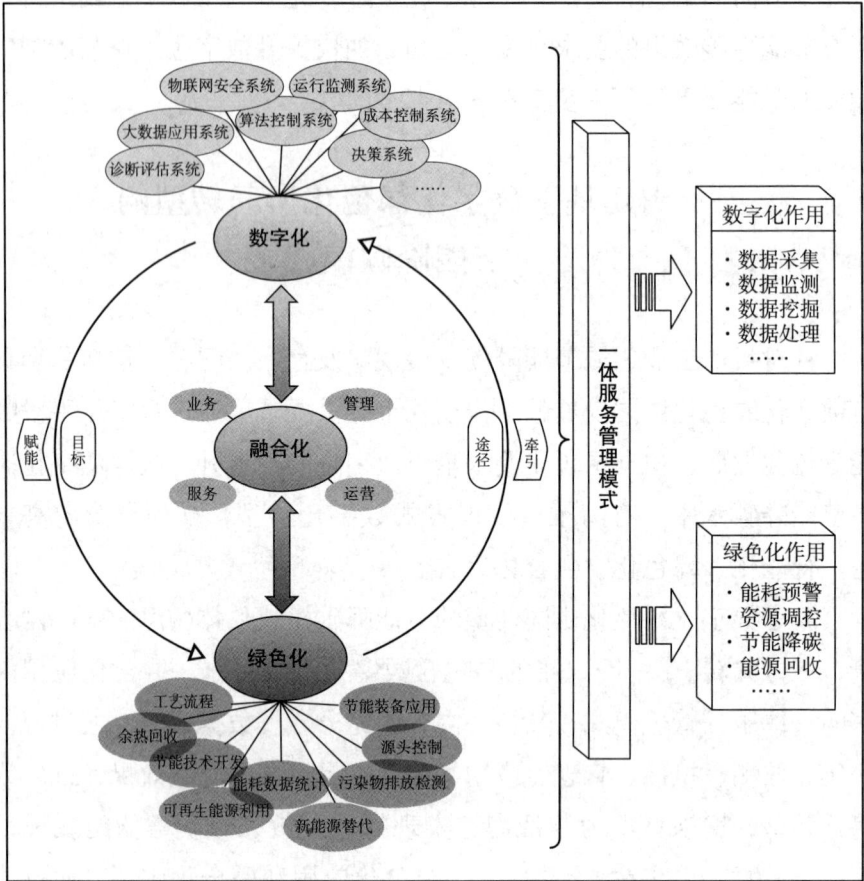

图1 数字化绿色化一体服务管理模式

工作发展进程,在提高绿色化发展水平的同时,推进数字化转型工作向纵深发展。绿色化部分主要实现能效提升、资源合理配置、能源有效回收等内容,通过数字化手段更加合理、准确地掌握能源消耗情况,利用科学方式进行可持续再利用,切实提升用能效率和单位收益,有效实现绿色化发展推动经济效益不断增长的重要目标。

在模式具体应用环节,融合化应用作为实现数字化应用和绿色化应用的枢纽和纽带,主要利用业务模式、管理模式、服务模式和运营模式推动数字化和绿色化应用的实现。例如，在业务模式部分，拓展数字化与绿色化附加值，扩大业务种类与辐射范围，进而提升业务价值，产生更多经济收益；在管理模式部分，通过不同的管理方式与手段，帮助数字化、绿色化应用与原有生产制造模式深度融合，推动数字化绿色化协同发展，促进发展方式有效、合理转型，同时实现管理方式优化与提升，增强核心竞争力；在服务模式部分，根据数字化绿色化应用能够直观发现服务中存在的问题，进而能够及时调整服务内容，提升服务质量，同时将调整后的服务内容通过数字化绿色化应用予以检验，实现理论与实践的紧密结合，全流程提升应用效果，实现转型发展与生产模式的深度契合。运营模式不言而喻，直接影响着数字化绿色化应用效果，相契合的运营模式可以有效提升数字化绿色化应用技术水平和能力，因而对于运营模式的适配性与效用性提出了较高的要求。

融合化应用的推进与实施，能够有效提升企业所有者对于数字化绿色化转型发展的认知，使其从战略制定和管理体系建设层面重视数字化与绿色化要素，明确未来发展方向，制定全新业务发展类型，梳理数字化绿色化新业务条线，优化和完善产业链供应链体系。同时，融合化应用的实施有利于提升数字化绿色化人才队伍建设速度与质量，具有高专业性素养的综合性人才能够直接影响融合化应用的实施效果，人才是企业发展的核心动能，更是数字化绿色化协同转型发展的关键要素，所以建立符合发展实践的数字化绿色化人才培养体系至关重要。数字化应用与绿色化应用之间的关系是相互促进、相辅相成的，数字化引领绿色化实现赋能，绿色化带动数字化进步，数字化应用的重要目标之一是实现绿色化发展，绿色化应用是提升数字化应用效果的重要途径。

从技术角度而言，在数字化绿色化一体服务管理模式中，绿色化应用实现的主要途径是利用数字化技术，数字化应用是关键环节，绿色化应用是核心检验。数字化应用部分主要包括大数据应用系统、物联网安全系统、诊断评估系统、算法控制系统、运行检测系统、成本控制系统、决策系统等内容，通过系统集成的形式实现数字化应用，以数据为样本，以大数据技术为手段，综合人工智能、云计算、5G等技术提升系统集成的应用效率，数字化应用环节需要与实际生产制造环节相符合，需要进行定制化设计和个性化配置，也是实现一体化管控的重点和难点环节。因此，需要对多种资源要素实现整合，共同建设数字化应用模块，既要具有可操作性，又要符合发展需求，还要具有动态调整的能力。所以对于数字化应用的高标准要求是为了能够替代传统节能降碳的模式和方法，并且能够提高节能降碳效率，综合提升绿色化应用效果。

绿色化应用部分主要包括工艺流程、余热回收、节能技术开发、可再生能源利用、新能源替代、污染物排放检测、源头控制、节能装备应用等内容。绿色化应用部分既要适应企业需求，更要符合大环境的发展实际。随着对能源的消耗与日俱增，节能降碳的任务标准也会不断提高。所以，绿色化应用部分既需要涵盖以往的节能降碳环节，更需要提升绿色化发展能力。在整个一体服务管理模式中，绿色化应用部分是整个模式的核心检验，也是需要变革和发展的重中之重，更是推动数字化水平提升的关键，所以，将绿色化应用放置于整个工作的战略核心地位，是推动数字化绿色化一体服务管理模式建设的重要一环。

四　结束语

数字化绿色化协同转型发展是我国的重要战略方针，更是提高我国工业领域节能降碳发展的重要抓手。本文所描述的数字化绿色化一体服务管理模式是一种基于数字化绿色化协同转型的发展思路，是提高节能降碳效能的一种方式方法，是探索节能降碳新路径的一种尝试。在实际情况中，节能降碳工作仍会存在多种可能性与模式，所以对工业领域节能降碳新路径的摸索，还需要大量实践来检验。未来，基于数字化绿色化协同转型的节能降碳路径势必成为重要的探究方向，为推动工业领域节能降碳发展提供源源不断的发展动力。

参考文献

《关于做好 2023—2025 年部分重点行业企业温室气体排放报告与核查工作的通知》，中华人民共和国生态环境部，2023 年 10 月 18 日。

余畅、马路遥、曾贤刚等：《工业企业数字化转型的节能减排效应研究》，《中国环境科学》2023 年第 7 期。

《工业和信息化部关于印发〈工业节能诊断服务行动计划〉的通知》，中国政府网，2019 年 5 月 23 日。

刘波、洪兴建：《中国产业数字化程度的测算与分析》，《统计研究》2022 年第 10 期。

钞小静、王宸威：《数字经济影响经济高质量发展研究综述与展望》，《电子科技大学学报》（社科版）2023 年第 3 期。

祁怀锦、刘斯琴：《企业数字化发展对绿色创新的影响及其作用机理》，《当代经济科学》2023 年第 4 期。

丁序海、梁伟锋、武晶：《煤炭企业数字化发展阶段评价及转型建议》，《可持续发展》2023 年第 13 期。

王伶、田宝华、张予琛：《数字化技术在设计中的应用研究综述》，《包装工程》2023 年第 4 期。

潘爱玲、王雪：《数字化转型如何推动文化企业高质量发展》，《深圳大学学报》（人文社会科学版）2023 年第 4 期。

蒋京鑫：《数据中心的绿色化发展方向探讨》，《信息通信技术与政策》2020 年第 6 期。

王禹、王浩宇、薛爽：《税制绿色化与企业 ESG 表现——基于〈环境保护税法〉的准自然实验》，《财经研究》2022 年第 9 期。

B.12
工业数字化碳管理服务平台实践与应用

李立伟 梁 曈 马路遥 崔学民*

摘 要: 数字化碳管理平台在工业领域数字化转型和绿色化发展中扮演着关键的角色,为工业企业提供了监测、报告和管理碳排放的重要工具。本文旨在探讨工业数字化碳管理的意义、平台功能以及对工业可持续发展的影响。通过介绍工业数字化碳管理服务平台的设计特点与实施路径,以及对实际案例的研究,描述了工业数字化碳管理的实践应用情况,为工业企业和政府部门提供关于碳管理的深入理解和应用建议。最后,本文在对未来绿色发展趋势、技术应用、社会责任分析的基础上,对工业数字化碳管理领域发展进行了展望。

关键词: 工业绿色化 绿色低碳 数字化转型 碳管理平台

工业碳排放作为导致气候变化的主要因素之一,对全球环境和可持续发展构成了严重威胁。随着工业化进程的加速和全球经

---

* 李立伟,国家工业信息安全发展研究中心信息化所工程师,从事两化融合、数字化转型、"双碳"等领域的技术与产业研究;梁曈,国家工业信息安全发展研究中心信息化所工程师,从事两化融合、数字化转型、"双碳"等领域的技术与产业研究;马路遥,国家工业信息安全发展研究中心信息化所工程师,从事两化融合、数字化转型、"双碳"等领域的技术与产业研究;崔学民,国家工业信息安全发展研究中心信息化所高级工程师,从事两化融合、数字化转型、"双碳"、计算机与网络等领域的技术与产业研究。

济的不断发展，工业碳排放量持续增加，进一步加剧了气候变化的不利影响。这种趋势引发了诸多负面后果，包括但不限于极端天气事件频繁发生、海平面上升、生态系统遭受威胁等。这些问题迫使各国政府和企业采取更加积极的减排措施，推动碳管理工作的全面开展。

同时，随着工业数字化技术的迅猛发展，碳管理领域迎来了新的机遇和挑战。工业数字化技术，如物联网、大数据分析和人工智能等的广泛应用，使工业企业能够更加精准地监测、报告和管理碳排放情况，提高了碳管理工作的效率和准确性。这种技术的应用为企业提供了更全面的数据支持，帮助它们更好地了解自身的碳排放情况，从而有针对性地制定减排策略和措施。

工业数字化碳管理已经成为工业企业实现可持续发展的重要手段之一。通过数字化技术的应用，企业可以更加有效地监控和管理碳排放，实现碳中和目标，在提高生产效率的同时降低环境影响。这种全面的碳管理方法不仅有助于企业降低运营成本、提高竞争力，还能为环境保护和气候变化应对作出积极贡献。在未来，随着工业数字化技术的不断创新和应用，工业碳管理将迎来更多的发展机遇，为构建更加清洁、绿色的工业生态系统提供更强有力的支持。

本文将深入探讨工业数字化碳管理的核心议题，分析其背景与意义，并揭示工业碳排放与气候变化之间的紧密联系。在当今全球气候变化日益严峻的背景下，工业碳排放作为主要温室气体排放源之一，对气候系统产生了深远影响。工业活动所释放的二氧化碳等温室气体不断积聚于大气中，加剧了地球的温室效应，导致全球气温升高、极端天气事件频繁发生等问题。因此，深入了解工业碳排放与气候变化之间的关系，探讨如何有效管理和减少工业碳排放，对于减缓全球气候变暖、保护生态环境显得尤为迫切和重要。

数字化技术的迅猛发展，为工业碳管理提供了全新的思路与方法，并在碳管理中发挥着日益重要的作用，我们可以实时监测工业碳排放，进行数据分析并进行优化控制，从而显著提升碳管理效率、降低碳排放强度。从物联网技术的实时监控到大数据和人工智能的数据分析预测，再到云计算技术的信息共享与协同，这些技术的应用使工业企业能够更加精准地监测、报告和管理碳排放情况，不仅提高了碳管理的智能化水平，还降低了管理成本、提升了管理效率，并且使企业可以更好地了解自身的碳排放情况，从而制定相应的减排策略。因此，本文研究旨在通过系统分析工业数字化碳管理的理论基础，为工业企业和政府部门提供深入的碳管理理念和实践指导，引导其更好地运用数字化技术开展碳管理工作，推动工业碳排放的减少，促进工业可持续发展和碳中和目标的实现。

一 工业数字化碳管理理论分析

（一）工业碳管理分析

工业碳管理是工业企业在生产过程中针对产生的碳排放进行监测、报告和管理的综合性活动。碳排放主要指工业生产中释放到大气中的二氧化碳等温室气体，这些气体对全球气候系统产生重要影响，加剧了气候变化的严重性。在当前全球气候变化日益严峻的背景下，工业碳管理显得尤为重要和紧迫。

有效的碳管理不仅有助于企业降低碳排放量、减少对环境的不利影响，还可以提高资源利用效率，推动企业向更加环保和可持续的方向转变。通过监测和报告碳排放情况，企业可以更好地了解自身的碳足迹，识别碳排放的主要来源和高峰时段，为制定有效的减排策略提供数据支持。

在实施碳管理过程中，企业通常会采取一系列措施，包括但不限于优化生产工艺、提高能源利用效率、推广清洁生产技术、引入低碳技术和设备等。通过这些措施的实施，企业可以有效降低碳排放量，降低生产成本，提高竞争力，同时也为环境保护和气候变化应对作出积极贡献。

工业碳管理的实施还需要企业积极响应国家和地方政府的碳减排政策，遵守相关法规和标准，提高碳管理的透明度和可追溯性。同时，企业还应加强内部管理，建立健全碳管理体系，培养员工的碳意识，推动全员参与碳管理工作，形成企业文化中的碳减排理念。工业碳管理是企业实现可持续发展的重要举措之一，通过有效管理和减少碳排放，企业可以提高环境责任感、增强社会形象、实现经济效益和环境效益的双赢局面。

（二）数字化技术在碳管理中的应用

数字化技术在碳管理中发挥着重要作用，包括但不限于以下方面。

一是数据采集与分析：通过物联网技术实时监测工业生产过程中的能源消耗和碳排放情况，将数据传输至云端进行分析。

二是实时监测与报告：利用传感器和监测设备实时监测碳排放情况，生成实时报告，帮助企业了解碳排放情况。

三是智能决策支持系统：借助人工智能和大数据分析技术，建立智能决策支持系统，为企业提供碳管理方面的智能化建议和决策。

工业数字化技术的应用使碳管理工作更加精准、高效，有助于企业实现碳排放的减少和资源的有效利用。

二 工业数字化碳管理服务平台的设计

工业数字化碳管理服务平台的设计与实施是为了促进工业企业之

间碳管理信息共享、技术交流和合作，旨在提高碳管理工作的效率和效果。

（一）平台设计功能与特点

一是数据集成与共享：平台应具备数据集成和共享功能，实现不同企业碳排放数据的集中管理和共享，促进行业碳管理信息的互通。

二是智能分析与预测：平台应具备智能分析和预测功能，通过大数据分析和人工智能技术，为企业提供碳排放的智能化分析和预测服务，帮助企业制定有效的碳管理策略。

三是云端监测与实时报告：平台应支持云端监测与实时报告功能，实现对工业生产过程中碳排放情况的实时监测与报告，帮助企业及时调整生产过程。

四是合作与交流平台：平台应提供合作与交流平台，促进企业之间的碳管理经验交流和合作，共同推动行业碳减排工作。

（二）平台实施步骤

一是平台设计与开发：确定平台功能和特点，进行平台设计与开发，确保平台的稳定性和安全性。

二是数据接入与整合：实现不同企业碳排放数据的接入和整合，确保数据的准确性和完整性。

三是用户培训与推广：开展用户培训与推广工作，提高企业对平台的认知度和使用率。

四是隐私与安全保障：加强平台的隐私保护和安全防护，确保企业数据的安全性和保密性。

三　工业数字化碳管理的实践应用与案例分析

以下通过案例分析，展示工业企业如何利用数字化技术进行碳管理，探讨工业数字化碳管理在实践中的应用与效果，包括取得的成效以及面临的挑战。

（一）案例一：某能源公司碳排放管理实践

某能源公司引入物联网技术和大数据分析技术，实现了对碳排放的实时监测和管理。通过在生产设备上安装传感器，实时采集能源消耗和碳排放数据，并将数据传输至云端进行分析。借助大数据分析技术，公司建立了碳排放监测系统，实现了对生产过程中碳排放情况的精准监测。

1.技术应用效果

（1）实时监测：公司能够实时监测各生产环节的碳排放情况，及时发现异常并采取措施。

（2）精准管理：通过数据分析，公司能够精准掌握碳排放量，有针对性地调整生产过程，降低碳排放。

（3）节能减排：公司提高了能源利用效率，减少了能源消耗，降低了碳排放量。

2.成效评估与挑战

（1）成效评估：公司需要定期评估碳排放管理的效果，不断优化管理措施，确保碳排放量的持续降低。

（2）技术更新：随着技术的不断发展，公司需要及时更新设备和系统，保持在碳管理领域的竞争优势。

（3）数据安全：公司需要加强数据安全的保护措施，确保碳排放数据不被泄露或篡改。通过不断优化技术应用和管理措施，该能源公司更好地实现了碳排放管理目标，为可持续发展作出积极贡献。

（二）案例二：某制造业企业碳减排实践

某制造业企业引入智能监测设备和人工智能技术，通过实时监测和数据分析，优化生产过程，实现碳排放的减少。该企业在生产线上安装了智能传感器和监测设备，实时监测生产过程中的能源消耗和碳排放情况。利用人工智能技术，建立了智能决策支持系统，根据实时数据进行智能调控，提高生产效率，降低碳排放。

1. 技术应用效果

（1）精准管理：企业能够实现对碳排放的精细管理，根据实时数据调整生产过程，降低碳排放量。

（2）节能减排：通过优化生产过程，企业减少了能源消耗，降低了碳排放，实现了节能减排的目标。

（3）生产效率提高：智能调控系统提高了生产效率，降低了生产成本，提升了企业竞争力。

2. 成效评估与挑战

（1）技术更新：企业需要不断更新智能监测设备和人工智能系统，跟上技术发展的步伐，确保碳减排技术的领先性。

（2）人才培养：企业需要培养具备智能技术和数据分析能力的人才，保障碳减排技术的有效应用。

（3）资金投入：碳减排技术的引入和更新需要大量资金投入，企业需要合理规划资金预算，确保技术的持续发展。

通过不断优化技术应用和管理措施，制造业企业能够更好地实现碳减排目标，为环境保护和可持续发展作出积极贡献。

四 工业数字化碳管理的未来发展与展望

随着数字化技术的不断发展和碳排放管理的作用日益重要，工业数字化碳管理将面临新的机遇和挑战。以下将探讨工业数字化碳管理在未来的发展趋势和面临的挑战。

（一）未来发展趋势

未来工业数字化碳管理的发展呈现多方面的创新和变革，其中智能化与自动化是不可忽视的重要方向。随着人工智能、物联网和大数据技术的不断发展，工业碳管理将更加智能化和自动化。通过智能监测系统和自动化管理平台，企业可以实现对碳排放数据的实时监测、分析和预测，从而更加精准地制定减排策略、优化生产过程。

另外，跨界合作与共享也将成为未来工业碳管理的重要趋势。面对碳排放管理的复杂性和挑战，工业企业将加强跨界合作，与行业内外的合作伙伴共同探讨碳减排技术和经验、共享最佳实践，推动整个行业的碳减排工作。通过跨界合作，企业可以更好地利用资源，共同应对碳排放管理的挑战，实现碳减排目标。可持续发展倡导也将贯穿未来工业碳管理的发展。企业将更加注重可持续发展理念，将碳管理纳入企业的发展战略和核心价值观中。企业将不仅仅关注经济效益，还将重视环境保护和社会责任，努力实现经济效益与环境保护的双赢。通过推动碳管理工作，企业可以提升自身的竞争力，树立良好的企业形象，同时为社会和环境可持续发展作出积极贡献。

未来工业数字化碳管理将朝着智能化、自动化、跨界合作和可持续发展的方向不断前行。企业需要不断创新，积极应对挑战，结合最新的技术和理念，共同推动工业碳管理工作向更加高效、智能和可持续的方向发展，为建设清洁、绿色的未来社会作出积极贡献。

（二）技术创新与应用

一是区块链技术在碳管理中的应用：区块链技术将为碳管理提供更加安全和透明的数据管理方式，提高碳排放数据的真实性和可信度。

二是边缘计算在碳监测中的应用：边缘计算技术将实现碳监测数据的实时处理和分析，提高碳管理的效率和精准度。

（三）可持续发展与社会责任

一是企业社会责任方面：企业将更加重视社会责任，积极履行碳减排承诺，推动企业可持续发展。

二是政策法规支持方面：政府将出台更加严格的碳排放管理政策，促进企业加大碳减排力度，推动碳管理工作向更高水平发展。

工业数字化碳管理作为一个关乎环境保护和可持续发展的重要领域，其未来发展将受到多方面因素的影响和驱动。在全球气候变化日益严峻的背景下，工业碳管理的重要性愈加凸显，企业和组织需要积极应对碳排放挑战，推动碳减排工作不断取得新的突破和进展。本文通过对工业数字化碳管理的实践应用案例、平台设计实施、未来发展趋势的探讨，期望激发更多人关注工业碳管理领域的发展动态，促进共同探索碳减排的新途径和新方法。只有通过共同努力和合作，才能更好地应对气候变化带来的挑战，实现碳减排目标，以智慧和创新引领工业碳管理领域的发展，建设一个更加清洁、绿色和可持续的未来。

参考文献

赵越、王颖、李鹏梅：《工业碳排放管理数字化转型的路径探讨》，《中国能源》2023 年第 6 期。

朱晓霞：《做绿色低碳发展先行者 以数字化打造智慧企业》，《东方烟草报》2022 年 3 月 23 日。

B.13
我国低碳数据中心实施策略与实践

杨　旭　曾　渚　杨杰瀚　许志鑫　陆江楠*

摘　要：　数据中心作为数据枢纽以及数字经济的核心基础设施，在我国的数量持续增长，同时其使用的能耗也日益增长。在"双碳"战略背景下，数据中心面临能耗使用量大、碳排放量高等制约因素。为满足"双碳"战略下的数据中心绿色化发展要求，本文通过介绍数据中心适用的建筑技术、冷却技术、电力技术以及运维技术，辅以目前国内先进案例，提出数据中心低碳化、绿色化实施策略，以实现大幅减少能源消耗、降低运营成本，从而推进国内数据中心低碳化进程。

关键词：　数据中心　装配式建筑　液冷技术　光伏发电

一　行业概况

2020年以来，云计算、大数据、人工智能等数字技术迅猛发展，数字经济蓬勃发展，全社会数据总量呈现爆发式增长，数据资源存

---

*　杨旭，公诚管理咨询有限公司高级工程师，从事信息通信、数字化转型、新能源等领域研究；曾渚，公诚管理咨询有限公司工程师，从事"双碳"、数据中心、企业ESG报告等相关领域研究；杨杰瀚，公诚管理咨询有限公司工程师，从事"双碳"、企业ESG报告等相关领域研究；许志鑫，公诚管理咨询有限公司工程师，从事"双碳"、数据中心、节能改造等相关领域研究；陆江楠，国家工业信息安全发展研究中心信息化所助理工程师，从事两化融合、数字化转型、数字经济、智能智造相关领域研究。

储、计算和应用需求大幅提升。作为数据枢纽和应用载体、数字经济的核心基础设施，国内数据中心进入蓬勃发展期。截至2022年底，我国数据中心机架总规模已达650万标准机架（见图1），2018~2022年年均增速超过30%。随着机架数量的快速增长，数据中心的能耗也以惊人的速度增长，2022年全国数据中心耗电量达到2700亿千瓦时，约占全社会用电量的3%，转换为碳排放为1.54亿吨二氧化碳当量[1]，占全国碳排放总量的1.3%[2]。随着数据中心的蓬勃发展，预计2035年，数据中心耗电量将占全社会用电量的5%~7%；同时，2035年中国数据中心和5G的碳排放总量将达2.3亿~3.1亿吨二氧化碳当量，占中国碳排放量的2%~4%[3]。数据中心建设规模不断扩大，与此同时，其能源消耗巨大，在"双碳"目标的大背景下，数据中心减排迫在眉睫。

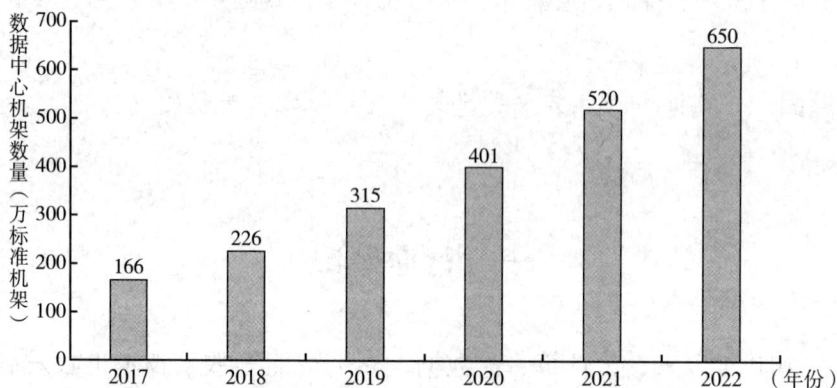

图1　2017~2022年我国在用数据中心机架规模

资料来源：工业和信息化部。

---

[1] 生态环境部公布的2022年全国电网平均排放因子0.5703Mwh/tCO$_2$。

[2] 据IEA《2022二氧化碳排放报告》，我国2022年全年碳排放量为114.77亿吨。

[3] 绿色和平、工业和信息化部电子第五研究所计量检测中心：《中国数字基建的脱碳之路：数据中心与5G减碳潜力与挑战（2020-2035）》，绿色和平发布，2021。

2022 年 2 月，国家发改委、工信部等多个部门印发通知，正式启动"东数西算"工程，在京津冀、长三角、粤港澳大湾区、成渝、贵州、内蒙古、甘肃、宁夏 8 个地区布局建设全国一体化算力网络国家枢纽节点。在此背景下，为持续强化数据中心绿色引领，国家相继出台了《新型数据中心发展三年行动计划（2021—2023年）》《贯彻落实碳达峰碳中和目标要求推动数据中心和 5G 等新型基础设施绿色高质量发展实施方案》等一系列政策文件，提出诸多硬性指标，比如，国家枢纽节点电能利用效率（Power Usage Effectiveness，PUE）进一步降到 1.25 以下，绿色低碳等级达到 4A 级以上，新建大型、超大型数据中心 PUE 降到 1.3 以下，改建核心机房 PUE 降到 1.5 以下，其目的都是在引导数据中心向集约化、规模化、绿色化的方向发展，全国一体化大数据中心体系的建设拉开帷幕。

根据中国数据中心工作组（CDCC）统计分析，2021 年度全国数据中心平均 PUE 为 1.49，其中华中、华南地区受地理位置、上架率等因素影响，数据中心平均 PUE 接近 1.6，远远无法满足"双碳"战略下数据中心绿色化发展要求，有较大提升空间。

二 实施策略

从数据中心用途来看，它是为集中放置的 IT 设备提供运行环境的建筑场所，其中 IT 设备发热量巨大，为保证 IT 设备的可靠运行，数据中心需要全年不间断供冷，另外还需要完善的供配电系统来保证供电制冷的可靠性和运营的有效性，此外还有照明、安防、传感器等设备消耗少量电力。总的来说，数据机房是涉及建筑、暖通、数据的多专业、多系统的高耗能建筑，以下将从建筑、冷却、电力和运维 4 个方面介绍数据机房节能改造策略。

（一）建筑技术——装配式建筑

数据中心在我国的建筑形式主要分为三个阶段。早期数据中心，一般与运营商办公室放置在同一栋大楼内，后期虽逐步独立，但仍以民用建筑设计的形式巨多。

随着数据中心的发展需求变更，根据国家新规定以及数据中心的特点，目前我国大量的数据中心主要建在工业地块并按丙类厂房标准建设。根据土地资源情况的不同，数据中心的建筑类型会有一定的差异，但总体皆按照工业建筑形式进行建设[①]。

现如今，随着信息技术的快速迭代，用户对数据中心交付工期要求缩短，自土建开工至建成投产的总工期将控制在 12 个月以内，且土建和机电建设以跨年实施情况居多，如上年 10 月至本年 2 月前期准备，2~6 月土建盖楼，6~10 月机电交付，传统民用建筑以及工业建筑形式难以满足市场要求。因此，装配式建筑以较短的建设工期以及可重复利用的构件模板，成为数据中心建设的新选择。其中，装配式建筑采用的是预制构件，可省去在现场浇筑混凝土等施工步骤，大大缩短了施工的工期；除此之外，装配式建筑技术所采用的构件、钢模板等皆可回收利用，且废弃物可以集中处理，大大减少了数据中心在建筑阶段所产生的碳排放，节约了能源的使用，减少了环境污染。

在"东数西算"的大背景下，数据中心建设区域更加集中，使装配式工厂能够面向集中化的数据中心集群提供标准化设计制造，进一步优化了装配式数据中心的应用环境，装配式数据机房是未来的发展方向。目前国内多地区陆续出台扶持政策，北京要求数据中心建筑面积大于 5000m² 需按照装配式建筑实施；上海要求数据中心项目各

[①] 中华人民共和国住房和城乡建设部：《数据中心设计规范》，2017。

幢建筑面积总和大于 1000m^2，需按照装配式建筑实施；海南要求数据中心需按照装配式建筑实施[①]。

可以预想，在当前我国"双碳"战略背景下，标准化、预制化、模块化的装配式数据中心将成为主流。其中，标准化是指结合数据中心特点，可制订几套数据中心标准化建筑模型，最大限度地提升数据中心标准化率，加快规模应用；预制化是指制冷、电力等基础设施采用预制化现场组装，实现工程产品化、产品智能化；模块化是指机楼、机房、机柜均模块化，实现资源复用、灵活配置、快速部署。

但直至今日，仍有几个因素限制了装配式建筑成为数据中心主流建筑。首先，由于数据中心需同时满足电力、制冷、IT 的需求，因此其具有荷载大（10~16kN/m^2）[②]、功率密度变化、管线多等特点，因此无法达到像传统办公室、住宅一样高的标准率。其次，数据中心总体造价相对于其余装配式建筑来讲会更高，且需更精细化的设计能力，故当前国内装配式数据中心占比仍相对较少。但随着国家政策的引领以及相关技术的持续发展，相信在不久的将来，装配式数据中心有望大规模推广应用。

（二）冷却技术——液冷技术

1. 冷却技术概况

随着元宇宙、图形渲染等计算密集型业务的快速发展推动了服务器功率的提高，数据中心在全球信息基础设施中的角色日益重要，其能耗问题也受到广泛关注。根据全球范围数据中心的调查样本，自 2014 年以来年平均 PUE 维持在 1.55~1.65[③]，即 IT 设备自身能耗占

---

① 《关于大力发展装配式建筑的指导意见》，2016。
② 《中国数据中心产业发展白皮书（2023 年）》，2023。
③ Uptime Institute：《2023 年全球数据中心调查报告》，2023。

比为61%~65%，以制冷为主的其他能耗占比为35%~39%，显然数据中心冷却系统能耗占比仅次于设备，因此数据中心能耗水平的优化主要依赖于冷却技术的进步。

针对传统数据中心高PUE值及碳排放问题，新型绿色冷却技术研发和应用日益迫切。液冷技术利用液体较高的比热容和换热能力可以支撑更高功率散热，而成为解决数据中心冷却问题的前沿选择。

数据中心的排热是将IT设备产生的热量转移到室外环境的过程。根据末端冷却介质的不同，冷却方式分为空气冷却方式和液体冷却方式。液体冷却因其液体的体积比热容是空气的1000~3500倍，这意味着冷却液体可以吸收大量热量而不会显著升高温度；此外液体的对流换热系数是空气的10~40倍，同等空间下，液体的冷却能力远高于空气①。

2. 液冷技术分类

液冷技术是指利用液体取代空气作为冷却介质，与服务器发热元器件进行热交换，将服务器元器件产生的热量带走，以保证服务器工作在安全温度范围内的一种冷却方法。根据冷却介质与服务器接触方式的不同，液冷方式可分为间接冷却和直接冷却两种。间接冷却一般为冷板式液冷，根据冷却介质是否发生相变又可分为单相冷板式和两相冷板式。间接冷却通过冷板将主要发热元器件（CPU、内存等）的热量间接传递给冷板内的冷媒，具有对计算机系统改动较小、更易于推广应用的优点，适用于各类型数据中心的新建和改、扩建工程。直接冷却包括浸没式和喷淋式，其中浸没式根据冷却介质是否发生相变又可分为单相浸没式和相变浸没式（见图2）。

目前应用于市场的主流液冷技术有冷板式液冷和浸没式（包括

① 先进计算产业发展联盟：《绿色数据中心冷却方式研究报告》，2023。

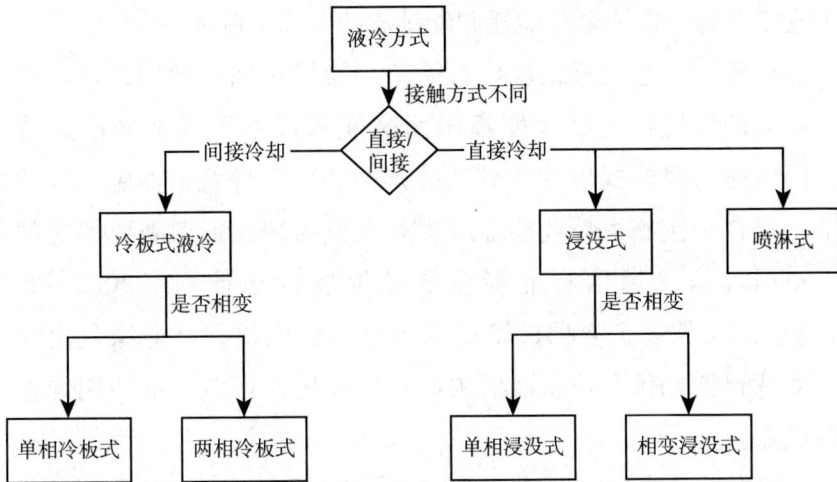

图2　液冷技术分类

单相浸没式和相变浸没式）液冷两大类。液冷技术可全年全地域满足自然冷却，不需要传统空气冷却压缩机、风扇等大能耗设备，其节能优势在液冷数据中心项目中得到验证。除节约能源外，液冷系统还具有占地面积小、运行噪声小、系统布置改造灵活、服务器可靠性高等优点，是未来新建数据机房或者老旧数据机房改造的重要方式。国家发改委发布的《贯彻落实碳达峰碳中和目标要求推动数据中心和5G等新型基础设施绿色高质量发展实施方案》也明确"支持采用液冷等方式"。但是国内液冷技术发展较晚，产业生态尚不成熟，与传统风冷产品比较，液冷仍存在初期投资高、全生命周期成本高等问题，影响产品的规模应用与推广。

（三）电力技术——光伏发电

在数字化时代，数据中心作为信息存储和处理的核心设施，扮演着至关重要的角色。互联网和计算机技术的发展使数据中心的建设需求也在不断增加，导致全球数据中心的能源消耗占全球电力消耗的比例正逐年上升，成为全球能耗和碳排放的主要来源之一。

传统数据中心大量依赖化石能源，如煤炭和天然气，这不仅造成了巨大的环境压力，也使我国面临能源成本不断上升的经济挑战，同时还与我国提出的"碳达峰碳中和"目标背道而驰。在此背景下，寻找和实施可持续能源解决方案成为行业迫切需要解决的问题。根据《信息通信行业绿色低碳发展行动计划（2022—2025年）》，国家鼓励企业积极使用绿色电力，以提高行业绿色用能水平，支持智能光伏在信息通信领域示范应用，打造一批使用绿色能源的试点。

光伏发电特指利用半导体材料制成的太阳能电池将太阳光转换为电能的过程。这种转换基于光电效应，即当光线照射到半导体表面时，光的能量会使半导体内部的电子获得足够能量从而被激发，跃迁到导带形成自由电子，与此同时在价带留下空穴。太阳能电池中最关键的组成部分是P-N结，它由正负两种掺杂的半导体材料构成。在P-N结的交界处，形成一个内建电场，当光照使电子-空穴对生成时，内建电场会驱动电子向N侧移动，空穴向P侧移动，从而在电池两端形成电压。当外部连接一个负载，就会形成电流，实现了太阳光到电能的直接转换。在太阳能辐射的条件下，太阳能电池组件阵列将太阳能转换为直流电能，再经过逆变器、汇流箱/柜、并网柜变成交流电供给建筑自身负载使用，进而降低电力消耗。

光伏发电作为一种清洁、可再生的能源技术，以其环境友好和长期经济效益受到越来越多企业的青睐。近几年来，随着光伏发电技术发展，以及政府支持清洁能源发展的政策不断落地，光伏发电成本也在不断下降。通过在数据中心项目中引入光伏发电技术，利用屋面、园区空闲面积建立光伏发电站，不仅可以降低数据中心的碳排放，促进绿色能源的使用，还可以提高能源自给自足率，减少对外部能源的依赖，为数据中心的可持续发展提供强有力的支持。

（四）运维技术——AI 节能

从传统运维到智能运维再到全周期智能运营，数据中心的运营是至关重要的。我国数据中心早期规模较小，且是通过人工运维。随着数据中心规模越来越大，系统越来越复杂，单纯靠人来维护管理难度逐步加大。

在当前的数据中心环境中，制冷系统通常依赖制冷设备内置的基础控制机制。这种机制受到制冷机组控制板接口能力的限制，难以整合大量传感器。由于这一限制，传感器的布局不足以精确地采集气流和温度数据，导致制冷参数的设定通常基于经验估计而非实时数据。此外，制冷机组的内部控制器主要运用传统的控制算法，缺乏利用机器学习进行优化的能力，这限制了其实现精确控制的可能性。特别是在单个数据中心机房内，多个制冷机组往往独立运行，没有实现集群控制的智能化，这种各自为政的操作模式进一步提高了制冷系统的整体能耗。

人工智能（AI）控制方式提供了一种解决方案，以应对上述提到的数据中心制冷系统的限制。区别于传统的制冷设备控制方法，AI 控制策略利用先进的智能采集器，这些采集器不仅能够收集广泛的温度数据，还能够监测制冷设备、供配电系统以及 IT 信息技术设备的能耗数据，以供后端系统管理使用。基于人工智能技术，并结合物理学原理、大数据分析和物联网技术，AI 控制方法能够利用历史与实时数据，通过算法模型预测潜在的风险、优化资源配置。这种方法旨在实现精确的温度预测、智能化管理，并最终降低整体能耗。通过这种集成化和智能化的控制策略，数据中心能够实现更高效的能源使用、优化制冷系统的性能，从而在保障设备运行的同时，有效减少能源消耗。

数据中心的 AI 节能管控技术通常涉及以下几个关键环节（见

图3)。

数据采集与智能分析：AI 系统首先通过传感器和监控工具收集数据中心内部的各种数据，包括温度、湿度、电量、服务器运行状态等。通过对这些数据的实时分析，AI 系统可以了解数据中心的能源使用模式和设备的运行状况。

策略输出：利用机器学习算法，AI 系统能够预测数据中心在不同工作负载和外部环境条件下的能源需求。这些预测可以帮助数据中心管理者作出更加精确的能源分配和调度决策。

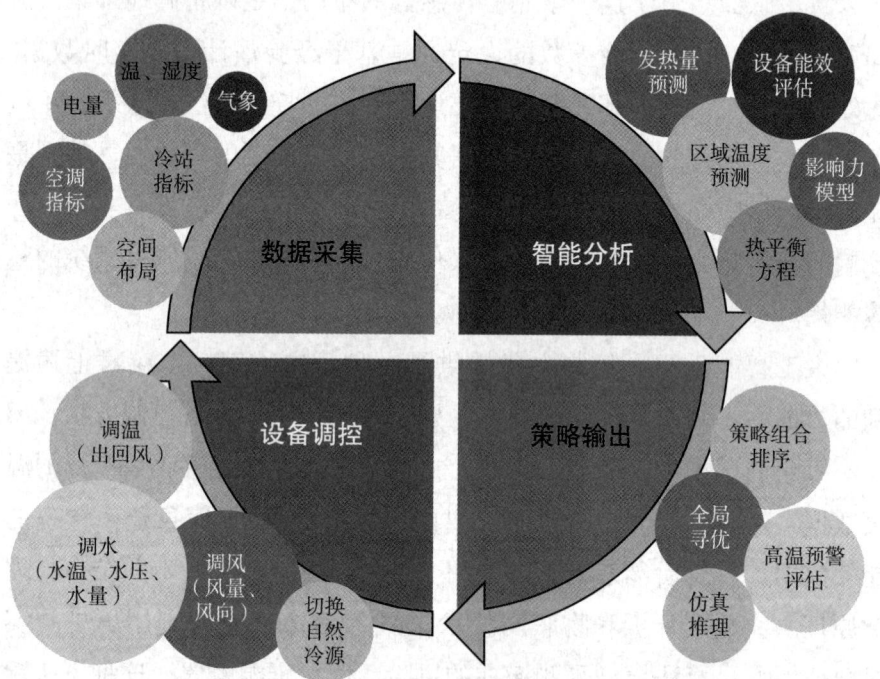

图3　AI 系统调控流程示意

设备调控：基于收集的数据和智能预测，AI 系统能够自动调整数据中心的运行参数，如空调冷却系统的工作状态、服务器的功率分配等，以实现最优的能源效率。这种自动化控制可以减少人为干预，降低错误操作的风险。

AI 系统不仅能够实现数据中心的即时节能管理，还能通过持续学习和优化，不断提升节能效果。通过分析历史数据，AI 系统可以识别节能措施的长期效果，为未来的能源管理策略提供指导。

三 低碳数据中心实践

位于四川省成都市的大型数据中心，不仅是一个云计算中心及数据服务基地，而且是一个对未来数据中心低碳发展方向的大胆预测和实践。该数据中心占地约 300 亩，预计总投资超过 500 亿元。该项目包含 10 栋数据中心楼宇、2 栋运营中心楼以及 1 个 220kV 的变电站，预计将支持超过 20 万台服务器机柜的超大规模运营（见图 4）。其服务范围旨在覆盖成渝两地，打造世界先进的新一代高性能绿色低碳数据中心。

该数据中心采用单相浸没式液冷技术，与传统的空气冷却系统相比，浸没式液冷技术通过将服务器完全浸没在非导电的液体中，利用液体高效的热传导性能直接吸走热量，极大地提高了冷却效率和能源使用效率。该数据中心使用的电子氟化液，具有绝缘且不燃的惰性特性，使其成为理想的冷却介质。通过与国内企业合作，该数据中心努力实现冷却液的自主发展，并在成本控制和技术本土化方面取得显著进展。

因大规模部署单相浸没式液冷技术，该数据中心 PUE 值最低可降至 1.15，远低于传统数据中心的平均水平。该数据中心的实践不仅体现了在技术创新和环境可持续发展方面的深度追求，而且展示了未来数据中心发展的新趋势——低碳、高效、绿色和智能。该数据中心通过不断探索和实践更为高效和环保的数据中心设计与运营模式，推动整个行业向着更加可持续的方向发展。

图4　成都大型低碳数据中心项目

资料来源：www. leon. top。

四　存在的问题和建议

我国数据中心产业低碳发展已经取得初步成效，但整体仍面临着多方面的挑战。

1. 数据中心集约化程度低

在数据中心发展初期，由于金融、通信、科技等行业的需要，我国建设了大量的小规模数据中心，这类数据中心大多散点分布，且存在设备老化、PUE 值高的特点，因此改造周期长、成本高。

2. 数据中心上架率低

华东、华北、华南地区上架率为 60% ~ 70%，而其他地区只有30% ~ 40%，高空置率会导致能源资源的浪费，不利于数据中心绿色发展。

3. 数据中心节能技术推广困难

一方面，新兴节能技术缺乏完善的标准体系作为支持，极大地阻碍了节能技术的推广；另一方面，数据中心对安全性和稳定性的要求极高，业主对待新兴技术非常谨慎，不会轻易采用。

为确保数据中心行业绿色发展，政府需要做好市场牵引和产业扶持工作。深化实施"东数西算"工程，有序指引市场朝集约、绿色、安全的方向高质量发展，打造新型数据中心；鼓励数据中心开展液冷等新兴技术及业务试点，加快推动数据中心新型领域的创新能力提升和规模经营能力建设；组织相关部门编制新兴节能技术标准和规范，完善行业标准体系，为行业绿色发展提供技术支持和指导。

五　结束语

我国数据中心行业正处于蓬勃发展阶段，建设规模逐年扩大，能源消耗不断增长，在"双碳"战略大背景下，低碳数据中心建设迫在眉睫。近年来，市场上涌现出大量数据中心节能提效技术，包括但不限于装配式数据中心建设、液冷技术应用、可再生能源使用、可视化运营等，这些新兴节能技术的应用能大幅减少能源消耗、降低运营成本，符合绿色发展趋势，是未来数据中心建设和老旧机房节能改造的主要形式。为持续推进国内数据中心低碳化进程，政府需要做好市场牵引和产业扶持工作，指引市场朝集约、绿色、安全的方向高质量发展。

B.14
"双化协同"发展背景下的
零碳智慧园区的建设路径及对策

数字化绿色化协同转型园区建设课题组*

摘　要： 在数字化绿色化协同（以下简称"双化协同"）发展的背景下，零碳智慧园区建设成为智慧城市双化协同发展的热点领域，但是也存在诸如缺乏整体规划、低碳技术不成熟等问题。本文介绍了当前零碳智慧园区信息化架构以及包括的典型建设路径，如多能互补能源体系、区块链存证、人工智能预测能耗、交通能源融合调度、数据要素增值。零碳智慧园区应该加强区域统筹，切实规划实施路径，推进相关数字化技术创新，建立完善的碳排放管理体系，一体化推进园区的建设运营维护。

关键词： 双化协同　零碳智慧园区　建设路径　多能互补

---

* 课题组成员：杜鹏，中国联通智能城市研究院工程师，从事"双碳"、智慧城市等相关领域研究；郭中梅，中国联通智能城市研究院正高级工程师，从事"双碳"、智慧城市、数字政府等相关领域研究；董正浩，博士，中国联通智能城市研究院正高级工程师，从事"双碳"、智慧城市、数字政府等相关领域研究；白喆，中国联通智能城市研究院工程师，从事"双碳"、智慧城市、数字政府等相关领域研究；王丽影，中国联通智能城市研究院工程师，从事"双碳"、智慧城市、数字政府等相关领域研究；苏泳睿，博士，国家工业信息安全发展研究中心信息化所工程师，从事数字化绿色化协同转型发展、产业数字化转型等相关领域研究。

一 零碳智慧园区的概念内涵及发展现状

（一）双化协同发展整体布局及影响

2022 年 11 月，中央网信办、国家发展改革委、工业和信息化部、生态环境部、国家能源局联合开展数字化绿色化协同转型发展综合试点。2023 年中共中央、国务院印发的《数字中国建设整体布局规划》又提出"加快数字化绿色化协同转型"的要求。双化协同发展将重点围绕产业绿色低碳发展、传统行业双化协同转型、城市运行低碳智慧治理、双化协同产业孵化创新、双化协同政策机制创建等方面总结可复制、可推广的经验。

园区作为生产生活的主要载体，是区域经济发展、产业结构转型的重要空间，零碳智慧园区将是双化协同发展的核心试点场景。数字化促进园区的先进数字化技术应用，提升园区的智能化水平；绿色化促进园区的低碳产品、技术应用，提高绿色能源使用率，促进园区的低碳运行，双化协同发展将大大加快零碳智慧园区的建设速度，催生一批双化协同发展的优秀试点案例，进而促进各个行业的双化协同发展。

（二）零碳智慧园区的概念内涵

关于零碳智慧园区的内涵，学界、业界尚未达成统一的共识，《零碳智慧园区白皮书（2022 版）》中提出，零碳园区和零碳智慧园区是同一个概念，零碳智慧园区的建设需要节能、减排、固碳、碳汇等多种手段的支撑，通过产业低碳化发展、能源绿色化转型、设施集聚化共享、资源循环化利用、碳要素智慧化管理，以在园区内部达到碳排放与吸收自我平衡。陈艳波等在《零碳园区研究综述及展望》

一文中提出零碳园区则是在严格意义上实现动态净碳排放小于等于零的状态。林德力等在《园区综合能源系统低碳发展路径与评价研究》一文中提出零碳园区是指利用风光新能源发电、节能减排、碳交易等手段抵销自身产生二氧化碳排放的工商业园区。

本文所探讨的零碳智慧园区建设是指在园区范围内，以零碳排放为建设目标，通过顶层设计、统筹规划，综合运用先进数字化降碳技术及管理办法，推进建筑、能源、产业等领域的低碳零碳绿色化发展，通过积极使用绿色、节能、低碳的新技术手段，实现园区内生产、生活的零碳排放。零碳智慧园区强调的是在"双碳"战略大背景下通过各种新技术、新材料实现园区碳排放从较低水平逐渐成为零的动态演进过程，是在保证园区可持续、高质量发展的前提下，考虑经济可行性的一种演进模态。

零碳智慧园区一般有如下典型特点。一是零碳智慧园区具有清晰且逐步完善的零碳发展规划及碳管理体系，依据自身特色规划零碳智慧园区建设路径，有明确的碳排放统计、核算管理制度及保障措施。二是零碳智慧园区具有较高的智能化、数字化水平，园区内碳排放管理、碳足迹监控及低碳数字技术应用场景丰富。三是零碳智慧园区具有较高的可再生能源利用率，园区内化石能源消费占比低，非化石能源消费占比高，充分使用分布式新能源供给的绿电供能，并伴随建设余热回收系统。四是零碳智慧园区具有数量可观的低碳基础设施，新建建筑中超低能耗、低碳建筑占比较高，零碳智慧园区一般建有屋顶光伏及可再生能源路灯等设施。

（三）零碳智慧园区的发展现状

1. 政策支持

2021年10月，中共中央、国务院发布《关于完整准确全面贯彻新发展理念做好碳达峰碳中和工作的意见》作为国家"双碳"战略的指导文件，提出开展碳达峰试点园区建设，国家后续发布多个行业、区域政策文件。2021 年 10 月国务院印发《2030 年前碳达峰行动方案》作为碳达峰工作的总体部署文件，2023 年 10 月国家发改委发布《国家碳达峰试点建设方案》提出了碳达峰试点园区的建设参考指标，同时国家在能源、工业、建筑、交通、循环、碳汇等领域陆续发布了一系列规划文件。

地方上，山东省发布了《山东省近零碳城市、近零碳园区、近零碳社区示范创建实施方案》，山西省发布了《山西省零碳（近零碳）产业示范区创建工作实施方案》，陕西省发布了《陕西省低碳近零碳试点示范建设工作方案（2023-2025 年）》，深圳市发布了《深圳市近零碳排放区试点建设实施方案》，四川省发布了《四川省近零碳排放园区试点建设工作方案》。各地方发布的大多数是近零碳园区建设方案，因为零碳智慧园区的建设不是一蹴而就的，需要一个低碳—近零碳—零碳的逐步演进过程。

2. 优秀实践案例

哈尔滨因地制宜打造节能园区。哈尔滨数据中心位于哈尔滨市哈南工业新城核心区，规划总占地面积 86.3 万平方米，总建筑面积约 59.6 万平方米，总能力超过 10 万个标准机架，为 5G、云计算、大数据、工业互联网、人工智能发展提供了基础资源支撑。

数据中心结合黑龙江气候特点，综合运用多种节能技术大幅提高了电能利用效率。数据中心采用了自然冷源、新型空调末端、能耗管控系统等数字化节能技术。自然冷源充分利用高寒地区全年近 6 个月自然冷源资源，年节约用电量 584 万千瓦时，节电约 54%。相较使用传统空调，新型空调末端节能率约为 6.3%，年节约电量 695 万千瓦时。能耗管控系统以 B03 机楼的制冷系统为试点，将用电量由 2020 年的 6380 万千瓦时降至 2021 年的 6121 万千瓦时，年节约用电量 259 万千瓦时。

榆林打造多绿能耦合园区。榆林科创新城打造了全球首个实用规模化的含氢能零碳多能源供需系统，为陕西省第十七届运动会的运动员村零碳供能。项目由能源站主体、制氢储氢和燃料电池系统、光伏发电系统、水介质储冷储热系统、浅层地热井群等组成。

零碳分布式智慧能源中心实现光电氢冷热协同：太阳能发电、电解水制氢、氢能燃料电池供电制冷制热。根据供需两端实际情况，研发了基于大数据分析和人机混合智能的系统优化方法，实现了最优供能策略，打造光电氢冷热协同的能源供给系统，实现了零碳智慧供能。相比于传统能源供需系统，项目的年化运行成本降低 60% 以上，总成本降低 36% 以上，每年可减少二氧化碳排放 8640 吨以上，相当于植树 48 万棵①。真正实现了环保与经济"双示范"。

上海打造数字精细化管理园区。上海临港桃浦园区（中国-以色列创新园）是上海临港经济发展（集团）对上海桃浦地块大规模开发的重要试点之一。

园区综合应用数字技术赋能零碳建设。一是能源结构优化及精细化分析实现供需双向降碳。基于园区能耗历史数据，搭建园区能耗预测模型，对能源供给进行统筹规划，输出优化调度建议，实现能源精细化管理。二是采用人工智能算法训练能源模型实现节能智控、增效减碳。设计针对园区公共动力系统/设备的能效优化控制算法，让能源管理更高效、更智能、更敏捷。三是数字孪生技术助力园区全域节能优化。全面采集园区能源消耗及碳排放数据，并结合数字孪生空间体系，总体分析全域全要素孪生空间，实现园区全域节能最优解。

项目采用先进 AI 数字化技术实现精细化管理，整体综合节能率达 20%。通过对门禁—人行闸机—梯控—自动派梯联动智能控制，综合

---

① 数据来源于榆林市人民政府网（http：//www.yl.gov.cn/info/iList.jsp? cat_ id=10004&tm_ id=147&info_ id=89048）。

降低电梯能耗 30%；通过高效的能源管理系统，提升暖通空调的舒适度与工作效率，暖通空调的综合能效将整体节约 10%~15%[①]。

（四）零碳智慧园区的建设挑战

零碳智慧园区建设缺乏整体规划路径。很多地区对于零碳园区的建设仅仅停留在增添光伏、风力发电设备的概念上，没有系统建设、全周期运营园区的整体框架，各地区也存在经济发展差距大、园区产业种类广、资源禀赋差异大的情况，导致没有清晰、明确的零碳智慧园区建设方法论和规划体系。

绿色能源建设成本较高。实现零碳排放重要的是供给侧的绿色能源及电网绿电供应，大部分区域的新能源形式以风、光为主，同时因为光伏发电具有随机不可控因素，必须匹配储能单元，新能源发电设施叠加储能单元导致总的建设成本高、短期内难以回收建设成本。

园区零碳运行的数字化技术不成熟。从零碳智慧园区的内涵来看，当前的低碳技术、产品难以匹配园区零碳排放的要求，园区零碳运行要在保证绿色能源或绿电供给的基础上，大幅降低现有能源消耗水平，对于加工、生产、制造型等园区，现有降碳技术难以满足大幅降低能耗的要求。

二　数字城市背景下的零碳智慧园区技术路径

（一）零碳智慧园区应用架构

零碳智慧园区的建设应以多种可再生绿色能源供给为依托，以精准能碳管理平台为数字化底座，以人工智能、数字孪生等先进技术为驱动力，以数据为核心生产要素，打造基础设施层、支撑层和应用层

---

① 数据来源于中国信息通信研究院《数字技术赋能碳中和案例汇编》（2022 年）。

三层应用体系（见图1），支撑零碳智慧园区的双化协同发展，为零碳生产、零碳建筑、零碳交通、零碳运行等各类场景化应用提供基础能力支撑，促进园区基于能源管理基座开发碳减排、碳治理、碳增值等相关主题智慧应用，赋能零碳智慧园区进行碳生命周期全程管理，从高效供给绿色能源和数字技术降低能耗两方面共同帮助园区实现零碳排放的目标。

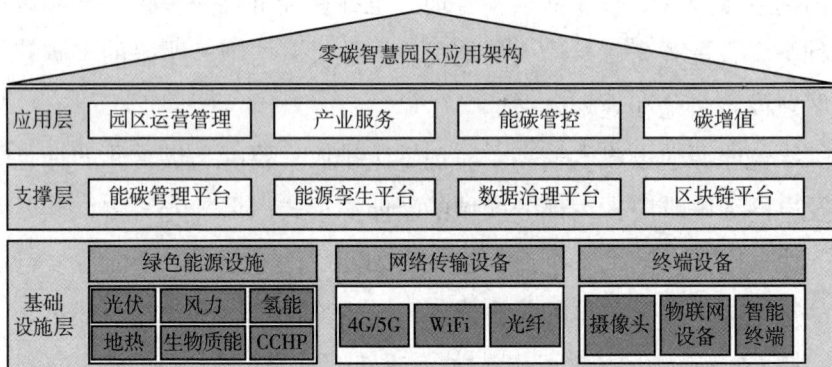

图1 零碳智慧园区应用架构

　　紧密耦合多种绿色能源技术。园区的零碳排放重点从能源供应侧实现绿色化转型，要全面协调各类型能源开发，如微电网系统、光伏发电、风力发电、冷热电三联供（CCHP）系统、余热回收、储能系统等多种智慧能源网络。

　　开展精准能碳管理平台建设。精准能碳管理平台以园区综合能源项目为基础，从能源管理的全景业务来进行技术路径规划与设计，通过对源、网、荷、储、用全能源流节点安装监测设备，采集数据并上传云平台进行统计、管理、治理、分析。

　　以人工智能、数字孪生技术构建能源孪生模型。模型以各传感器采集的各类数据为训练集，结合峰谷电价差、园区建筑参数、人员流动情况、设备运行状态、天气气候等因素，训练能碳模型，实现对能源需求、碳排放的精准预测，以碳排放、经济性、室内舒适度等参数为多个目标，制定调度策略，保证电网、多种可再生能源、储能单元、充电桩、智能用电终端、供冷供热等各个系统的协调规划、联动运行和优化管理。

以数据治理平台为能力基础释放数据价值。数据治理平台对园区内包含能源数据在内的各类数据进行采集、存储、管理，保证数据质量和可用性，基于数据应用建设主题库、专题库，打造数据共享交换能力，为数据增值业务、碳汇、数据要素流通提供基础能力支撑。

（二）零碳智慧园区建设路径

1. 多能互补能源供给体系

多能互补能源供给指的是在能源形式、时间、物理分布、热互补、热化学互补等方面的多种互补形式，多种能源的协调互补以及梯级利用形成了复杂的能源耦合关系，需要数字化技术提供技术支撑。零碳智慧园区的多能互补能源供给体系建设重点是围绕"安全稳定、绿色零碳"的主旨，构建以可再生绿色能源+储能单元+需求侧快速调度为核心的多种能源互补耦合的能源供给体系。能源供给体系的构建应遵循"能势匹配、梯级利用"的思想，常见的多能互补能源供给体系中一般包含光伏发电、风力发电、电储能、冷热电三联供（CCHP）系统、余热回收系统，根据各地区资源禀赋纳入包括氢气、地热、生物质能等在内的多种因地制宜取用的可再生能源或绿色能源。

面对多种能源耦合的复杂模型，需要结合先进多能混合建模技术对园区整体能源流进行协调优化控制，从能源、设备物理模型出发，基于设备运行、建筑面积、冷热需求、天气因素及能源供给特性构建能源模型，基于园区运行历史数据，采用人工智能、机器学习等先进算法对能源运行模型进行训练迭代，训练出较为精准的长期及短期园区负荷预测模型，兼顾园区运行的经济性和碳排放制定碳排-经济协同的调度策略。同时，精准的经济数据、碳排预测数据也是对零碳智慧园区可持续运行的重要数据支撑。

2. 区块链上链存证能碳数据

区块链具有高可靠性、不可篡改、可追溯的特性，适合多方共同监管下的碳数据存证场景。区块链技术可以为综合能源系统的信息交互与费用结算提供可靠可信的支撑，包括负载需求响应服务、能源供需管理、智慧能源调度等。区块链技术赋能碳排放的监测、记录，能够实现对园区碳排放的实时、精确、全面计量，大幅提高园区碳排放量统计数据的质量和可靠性，并且可以定期自动生成碳盘查报告，满足相关监管部门的监管要求，保证企业履行碳减排任务。区块链技术赋能碳排放数据，实现全流程可核查，保证数据在传输过程中无法被篡改，确保数据的真实性、可追溯性，能够保障监管—报告—核查—交易—清算的全流程透明化。

区块链赋能的能碳数据管理系统对园区碳排放数据、排放因子数据、配额数据、碳汇数据等各种碳资产进行统一管理。精准、可靠的碳排放数据经过数据治理后可以形成碳资产，为后期碳汇交易及碳数据要素流通提供了重要数据基础。为未来零碳智慧园区参与碳交易做好系统和数据准备，助力园区企业建立并完善碳资产管理、碳足迹管理、碳减排项目管理、碳市场预测等能力。

3. 人工智能驱动能源孪生优化节能

基于园区水、电、气、热等管网系统数据，通过数字孪生技术实现三维管线数据、三维地表数据、建筑以及景观数据、能源设备数据的透视，融合多源异构数据的园区数字孪生模型，可以实现园区运行数据动态化、可视化展现，支撑数据驱动的辅助决策。模型通过对能源设备和关键节点进行位置、属性、运行状态等数据对接，动态采集空间环境实时数据，积累系统历史运行大数据，利用人工智能技术，采用机理能耗预测模型与数据驱动能耗模型相融合的方法，针对各能耗设备分别建立机理能耗预测模型和数据驱动能耗预测模型，选择预测效果相对更好的预测模型，共同实现能源系统总功率的预测，让园区能源管理更高效、智能、敏捷。

进一步融合数字孪生空间，突破单维数据局域解限制，从空间维度全局角度建立优化算法模型，并通过强化学习，生成优化算法。结合天气因素影响，当建筑处于不同的环境状态时，系统会自动感知建筑环境，同时自动判断并决策系统优化控制参数。实现园区能源系统的自动感知、自动运行。在保证满足室内环境需求及安全的前提下，更大程度地节能降耗，帮助管理者对园区综合能源进行高效管理。

4. 交通能源储能融合调度

随着新能源电动汽车爆发式的增长，新能源汽车充电桩的电能消耗成为园区能耗的重要组成部分。新能源汽车充电桩的性能、能源管理效率都对新能源汽车充电效率以及碳排放量起着关键作用。

园区内部署建设新式双向充电桩，充电桩可以根据园区需求侧负载、新能源设施放电、电网电价情况，灵活地切换为储能单元或者需求单元。充电桩对充放电数据进行收集、监控、分析与异常预警。对停车场内的新能源汽车充放电功率、用电量、订单数量、时长的每日、每周、每月累计量及变化趋势进行统计分析，通过历史数据迭代训练模式，可以对园区内的新能源汽车能耗曲线进行预测。充电桩协同园区的储能单元及新能源汽车的电池，共同作为园区能源调度的组成部分，结合电网的峰谷电价差以及园区采用的分布式可再生能源如风、光、地热、氢等进行优化调度，以碳排放量最小、能源损耗最小、负荷曲线波动最小等为调度目标对调度策略进行优化矫正。同时通过视频 AI 技术及物联网标识设备，对包括停车场及充电桩在内的重要设备点的环境状态、人员、设备、车辆进行登记、记录，实时监控设备的运行状态，对设备故障进行监测预警，自动生成运行报告，对潜在危险事故进行实时监测与动态识别。

5.碳数据要素汇聚增值

零碳智慧园区的碳资产管理和碳数据交易是未来数据要素流通的重要场景。构建能源模型、能源孪生平台、区块链存证平台的过程需要全面收集多种新能源供给数据、电网购买电量和负荷侧用电量，包括分布式可再生能源设施的供电量，储能设施的充、放电总量，负荷侧园区各种用电设备的电力总消耗量、园区公共弱电系统电力总消耗量、以楼层/房间为单位楼宇弱电设施电力消耗量、楼宇制冷设施制冷剂种类及消耗量，以及其他相关计算参数。

对园区碳数据进行实时、精确、全面计量，大幅提高了碳排放统计的数据质量，并自动生成碳盘查报告，满足主管部门监管要求，降低企业碳减排履约风险。为实现碳交易效益最大化，零碳管理系统对园区碳排放数据、排放因子数据、配额数据、碳汇数据等各种碳资产进行统一管理，为未来园区参与碳交易做好系统和数据准备，助力园区企业建立并完善碳资产管理、碳足迹管理、碳减排项目管理、碳市场预测等能力，支持园区运营方参与碳交易市场。

三 零碳智慧园区的对策建议

（一）加强区域统筹，鼓励试点先行

零碳智慧园区建设需要政府整体统筹。零碳智慧园区建设涉及若干政府管理部门，地方政府要明确"零碳"排放和核心目标，持续跟踪工作进展，及时介入解决零碳智慧园区试点建设中存在的协调、调度问题。

零碳智慧园区建设需要政府鼓励试点园区先行先建，围绕能源绿色化转型、产业数字化升级、园区运行降碳等领域，遴选若干园区开展零碳排放园区的试点建设。以碳排放量、绿色能源占比、绿色交通比例、园区绿色运营等指标为指向，鼓励试点园区结合自身条件开展数字化绿色化的零碳路径探索。

（二）政府顶层布局，园区切实规划

政府顶层布局。政府围绕区域数字化绿色化低碳发展的资源禀赋，综合考虑经济发展水平、能源消费、产业结构等，起底交通、建筑、产业、生活等领域的碳排碳汇情况，编制具有区域自身特色的规划方案，保证规划方案的可操作性和可落地性，做到因地制宜发展绿色经济、绿色产业。

园区规划先行。零碳智慧园区的建设应遵循政府顶层规划，编制切合实际的建设方案，提出可落地的建设路径，分阶段、分步骤开展重点工程，同时在保证项目可实践的基础上，预留升级系统软硬件升级改造的地理空间和软件接口，在考虑经济可行性的基础上逐步降低碳排放水平。

（三）推进技术实践，双化协同发展

推动数字化技术赋能和能源绿色化转型的双化协同融合。开展不同规模分布式能源系统、智能微网、多能互补系统的复杂多能流建模和能量管理技术、需求侧管理技术、大规模先进储能等关键技术的研发和示范。

积极推动数字化技术、低碳技术、能源技术在园区场景下的耦合应用，以数字化技术为纽带，实现能源绿色化转型、终端应用零碳转型技术单元的集成耦合，以智慧化的平台实现高效管控，最大限度挖掘相应技术的减排潜力。

（四）建立碳排放管理体系，完善管理机制

建立碳排放管理体系。园区内部建立零碳建设管理专班，明确职

161

责，统筹负责零碳智慧园区建设项目，建设范围包括低碳基础设施建设，可再生能源设备部署、园区零碳信息化智能化系统建设，定期监督审核零碳建设各项工作的进展和潜在风险，制定预防纠正措施。

建设零碳智慧园区应用体系。围绕零碳智慧园区的规划蓝图，构建包括设施层、平台层、应用层在内的碳管理应用体系，打造零碳典型场景应用，支撑零碳智慧园区的数字化绿色化建设。

完善碳排放核算口径。完善碳排放统计等核算口径，做好碳排放评价体系，进行碳足迹管理，制作能源统计台账，完成碳数据资源化。

做好绿色低碳宣传推广工作，对园区内人员定期进行专业技能教育与培训，提升绿色低碳意识。与相关部门配合宣传零碳智慧园区建设的先进经验和优秀实践做法，推广零碳技术、产品和特色场景，积极与高校科研院所合作开展研究。

（五）建运维通盘考虑，多维度推进建设

零碳智慧园区的建设需要综合考虑园区改造、多能引入、储能建设及智能化应用等多个维度的因素，需要立足全业务链条，基于全生命周期考虑全维度的建设管理体系。

在建设阶段，积极推动园区企业利用低碳设备、低碳技术及低碳材料进行园区建设、技术改造用以提升能源利用效率。对园区用水、用电、用气等基础设施建设实施智能化监控及低碳化改造。加强园区数字化改造，建设碳监测体系，建立能源消耗和碳排放统计监测平台，加强对园区工业、建筑、交通用电等基础数据的统计，建立并完善企业碳排放数据管理和分析系统。

在运营阶段，通过智慧园区体系，对园区内水电、光伏、储能等各类能源数据进行全面管理及趋势分析，建设能碳管理系统，对采集的数据进行汇聚、分析，建立园区的能耗模型，通过能源调度优化系

统，降低园区运营成本，实现企业能源信息化集中控制、设备节能精细化管理和能源系统化管理，提升能源利用效率。

在维护阶段，通过智慧园区的运维管理系统，对园区内的多能供给系统、暖通系统及园区内部的用能设备进行实时运行监控。结合数字孪生可视化模型及故障诊断系统，对发生故障的设备进行实时检测及预测预警，降低安全隐患，提升园区物业维护质量。

四　结束语

在国家进行碳达峰碳中和建设的大背景下，园区进行双化协同发展转型从而实现零碳排放既是国家"双碳"战略的重要组成，也将会对全国范围的双化协同发展起到引领带动作用。零碳智慧园区建设涉及的行业广、内容多，但未形成高效建设的方法论，需要从绿色能源替代、机理模型推演、行业标准规范、系统平台应用、数据运营增值等多个角度持续研究，进一步优化园区的碳排放水平，推进"双碳"科创成果的使用转化落地，进一步降低园区的整体建设运营成本。

参考文献

陈艳波、张宁、李嘉祺等：《零碳园区研究综述及展望》，《中国电机工程学报》（网络首发）2024 年 1 月 11 日。

林德力、周莉：《园区综合能源系统低碳发展路径与评价研究》，《电气技术与经济》2023 年第 7 期。

张延、史清芳、陈贺伟等：《产城融合型低碳产业园智慧综合能源方案研究》，《电工技术》2023 年第 14 期。

郭楷模、岳芳、陈伟、马廷灿等：《多能互补系统国际发展态势分析》，

《世界科技研究与发展》2020年第2期。

何林：《新型电力系统中新能源电动汽车充电桩能效提升策略探究》，《江苏科技信息》2023年第36期。

裴振坤、王学梅、康龙云：《考虑用户充电计划的电动汽车辅助调频控制策略》，《电力工程技术》2023年第1期。

周鑫、陈明扬、罗彬：《近零碳排放园区建设思路和对策建议》，《四川环境》2023年第5期。

Abstract

The 14th Five Year Plan period is the first five years of embarking on a new journey of comprehensively building a socialist modernized country and advancing towards the second centenary goal. China actively promotes green and low-carbon transformation in the industrial sector, in order to lay the foundation for achieving carbon peak and carbon neutrality goals. Under the strong leadership of the Central Committee of the Communist Party of China, the new development concept has implemented firmly, industrial optimization and upgrading have promoted deeply, the comprehensive utilization of resources has increased, coordinated efficiency in pollution reduction and carbon reduction has promoted, and aims to promote the six transformations of " high-end industrial structure, low-carbon energy consumption, circular resource utilization, clean production process, green product supply, and digital production methods ". Together with all sectors, the green and low-carbon development of industry to a new level will be promoted.

Currently, the green and low-carbon transformation and upgrading of traditional industries in industrial green development is the primary task. Due to the industrial characteristics and total scale, traditional industries such as textiles, non-ferrous metals, petrochemicals, etc. have a relatively high proportion of energy consumption and emissions. Green and low-carbon transformation and upgrading are achieved through optimizing product structure and productivity layout, transforming production methods, and upgrading industrial development levels to achieve high-quality development. Furthermore, high starting point development of emerging industries is also crucial. China's strategic emerging industries such as new energy, new energy vehicles, and green environmental protection are flourishing and have gradually become important forces to drive industrial transformation and economic and social development. Focus on the bottleneck links that constrain the green development of emerging industries, the core issues of sustainable development of emerging industries will be solved, and an industrial growth pole with a reasonable structure, obvious advantages, and efficient development will be formed gradually. The Report on Green and Low Carbon Development of Industry (2023~2024), based on summarizing the experience and achievements of green and low carbon development in China's industry, focuses on the representative and progressiveness development status quo and practice path of traditional industries and emerging industries in the process of green development, and puts forward feasible suggestions for green and low carbon development of China's industry.

This report is divided into four chapters: Overall, Theory, Industry, and Practice, totaling 14 articles. The overall chapter summarizes the current status of green and low-carbon and the opportunities and challenges faced by green and low-carbon development in the domestic and foreign industrial field. In particularly, a detailed analysis of the bottlenecks and successful practices encountered in promoting the development of new industrialization in China has been conducted. Based on the carbon management system, the path and methods of digital technology empowering carbon management has been studied furtherly, and a digital carbon management architecture model was proposed. The theoretical chapter innovates the researches on the industrial green and low-carbon monitoring and evaluation system. By establishing a scientific, systematic, and objective evaluation system, the actual status of industrial green and low-carbon development will be understood dynamically. And the relationship between industrial development, environmental protection, and resource conservation will be coordinated and balanced. The sustainable development of economic and social will be achieved. Furthermore, it provides scientific basis for government decision-making to promote the healthy development of green and low-carbon industries. Based on the analysis of the impact of the EU's carbon border regulation mechanism on China, suggestions are proposed that strengthen dialogue and exchange mechanisms to address climate change, accelerate the construction of a national carbon market, establish working mechanisms and public service platforms to address green and low-carbon trade barriers, and accelerate the development of sustainable supply chain management in key industries. Exploring and promoting the parallel development of general and specialized model around the problems existing in the process of digital and green collaborative development. The industry chapter is divided into two aspects. Firstly, it mainly analyzes the current status of green development around traditional industries such as petrochemicals and textiles with high carbon emissions, and proposes carbon reduction and emission reduction strategies that cover the entire lifecycle. Secondly, it proposes development paths and methods to address the bottleneck issues in the development process of strategic emerging industries such as new energy and new energy vehicles. The practice chapter focuses on practical experience, analyses the actual application status of energy conservation and carbon reduction in the industrial field, analyzes the specific manifestations of digital and green collaborative transformation development in different development stages, analyzes the key role and application cases of digital carbon management platforms in the digital transformation and green development of the industrial field, demonstrates the application level of building technology, cooling technology, power technology, operation and maintenance technology which are applicable to data centers in advanced domestic cases, analyzes the development status of zero carbon smart parks, and proposes a construction path and countermeasures based on the zero carbon smart park architecture. This report is a representative and authoritative annual research report on the development of green and low-carbon industries. It can be used as a reference for leaders, experts, researchers, and other leaders in charge of green and low-carbon development in China.

Keywords: Industrial Green and Low-Carbon; High Quality Development; Digital and Green; Carbon Management

Contents

I General Reports

B . 1 Drawing New Industrial Ecological Background
with Green and Low Carbon Development
Ma Dongyan, Tang Yinong, Zhao Jueyu,
Shi Lijuan and Meng Qi / 001

Abstract: Since its inception, the new industrialization has incorporated green and low-carbon into its characteristics. Against the backdrop of the interweaving of global economic development and environmental protection, green development is an inevitable choice for China to break through resource and environmental constraints and promote the development of new industrialization. This article first analyzes the connotation and characteristics of new industrialization and green low-carbon, and then introduces the practical experience of green development in the European Union, the United States, and China. The European Union focuses on transforming energy structure and promoting innovation in green technologies, the United States focuses on supporting green low-carbon development through legislation and building market mechanisms, while China actively explores from top to bottom through policy guidance, industrial transformation, and energy system optimization. Based on domestic and foreign experiences, this article proposes to strengthen the division of responsibilities, improve supply levels, optimize energy structure, and other aspects to cultivate a green background for new industrialization.

Keywords: New Industrialization; Industrial Economy; Green and Low-Carbon; High-Quality Development

B.2 Exploration and Practice of China's Plan to Assist
Global Green and Low-Carbon Transformation

Meng Qi, Shi Lijuan and Sun Yulong / 017

Abstract: Green and low-carbon development has become an important part of global sustainable development, an important means of addressing climate change, and one of the main areas of cooperation among countries around the world. Currently, the global green development process is being comprehensively promoted, and major countries and regions are prioritizing the establishment of a top-level design for green development from the perspective of institutional legislation. China adheres to the path of ecological priority, green and low-carbon development, and contributes Chinese wisdom to the world in developing clean energy projects, promoting energy-saving and efficiency enhancing technologies, promoting resource recycling, and leveraging digital energy efficiency. However, green development in various countries also faces challenges such as slow effectiveness, large investment, and difficult cooperation. It is urgent to further strengthen the foundation of green development, continue to carry out green practices, and draw a new chapter of global green win-win.

Keywords: Green and Low-Carbon; Clean Energy; Energy Con-

servation anf Efficiency Improvement; Circular Utilization; Digital
Empowerment

B.3 Research on the Current Status and Trends of Digitul Carbon
Management in China

Shi Lijuan, *Zhang Hongbo and Meng Qi* / 030

Abstract: Digital technology is based on improving energy
efficiency, innovating process technology, and innovating management
models, actively empowering carbon management. Developed countries are
laying out digital technology applications in their carbon neutrality
strategies, while China has also stated in important top-level design plans to
establish a digital carbon management system and promote digital carbon
management. At present, China's digital carbon management has achieved
initial results. Industrial Internet, cloud computing and other digital
technologies have effectively supported industrial carbon monitoring,
improved the accuracy and timeliness of monitoring. Digital twins, artificial
intelligence and other technologies have carried out green and low-carbon
practice activities, explored and improved green research and development,
green production and supply, green cycle and other capabilities. Digital
technology has enabled carbon capture, sequestration, and use of industrial
demonstration applications. Next, China's digital carbon management will
continue to deepen its efforts in building a sound management system,
leveraging internal driving forces within enterprises, collaborating on core
technologies , and ensuring safety.

Keywords: Carbon Management System; Digital Carbon Manage-
ment; Carbon Peaking; Carbon Neutrality

II Theory Reports

B.4 Research on Industrial Green and Low Carbon Monitoring and
Evaluation System   *Zhang Hongbo, Shi Lijuan , Meng Qi,*
Zhao Jueyu and Su Yongrui / 042

Abstract: Industrial green and low-carbon monitoring and evaluation
can timely identify and solve environmental problems in industrial
development, promote technological innovation, improve resource
utilization efficiency, reduce energy consumption and achieve sustainable
development. Taking into account factors such as systematic architecture,
scientific indicator design, and multi-source indicator data, this article
proposes a green and low-carbon monitoring and evaluation framework that
includes five dimensions: operation management, energy supply, green
production, resource utilization, and efficiency benefits. A preliminary
monitoring and evaluation system and calculation method are also
constructed. The monitoring and evaluation results can provide scientific
basis for the government to formulate relevant policies, promote green
development and low-carbon transformation in the industry.

Keywords: Industrial; Green and Low-Carbon; Evaluation System;
Sustainable Development

B.5 Analysis of the Impact of EU Carbon Border Adjustment
Machanism on China and Corresponding Measures
An Yan, Li Zhendong and Shi Lijuan / 053

Abstract: The global geopolitical situation is turbulent, and the multilateral governance mechanism on climate change is facing significant challenges. The EU regards the EU's carbon border regulation mechanism as an important measure to reshape its leadership in climate governance and lead the formulation of climate rules. The EU is China's second largest trading partner, and its imposition of fees on high carbon products will have multiple impacts on China's trade, industry, climate governance, and other dimensions. To actively address green and low-carbon trade barriers, including carbon border regulation mechanisms, it is necessary to strengthen dialogue and exchange mechanisms to address climate change, accelerate the construction of a national carbon market, establish working mechanisms and public service platforms to address green and low-carbon trade barriers, and accelerate the development of sustainable supply chain management in key industries.

Keywords: EU Carbon Border Adjustment Mechanism; Climate Change; High Carbon Products

B.6 Exploration on the Development Mode of Digital and
Green Collaborative Transformation in Industrial Field
Su Yongrui, Dong Zhenghao, Shi Lijuan,
Deng Chengming and Li Gaoya / 062

Abstract: The coordinated transformation and development of digitalization and greening is an important strategic policy for China's development in the new era, which is more conducive to forging new industrial competitive advantages in the process of implementing carbon peak and carbon neutrality goals, accelerating the construction of a modern industrial system, and promoting the development of new industrialization.

This article systematically and comprehensively elaborates on the connotation and context of digital green collaborative transformation development, focusing on exploring its specific manifestations in the industrial field at different stages of development. It summarizes the digital green development situation in the United States, the European Union, and Japan, compares it with the current situation of digital green collaborative transformation development in China, captures the difficulties and bottlenecks in development, and proposes targeted, feasible, and systematic development suggestions. To provide scientific, objective, and rigorous theoretical support for promoting China's digital and green collaborative transformation and development in all fields, clarify the development logic, construct a development system, understand the development path, and provide core foundational elements for practical achievements.

Keywords: Digitalization; Greening; Modern Industrial System; New Industrialization

Ⅲ Industry Reports

B. 7 Research on the Current Situation and Path of Green and
        Low Carbon Development in China Petrochemical and
        Chemical Industry

Shi Lijuan, Zhao Jueyu and Sun Yulong / 074

Abstract: The petrochemical and chemical industry has the attributes of a long industrial chain, diverse products, and high industry relevance. China is the world's largest chemical production and sales market, and the overall trend of industry development and capacity utilization is improving. The task of carbon reduction in the petrochemical and chemical industry is extremely challenging. In the coming years, there may still be a certain amount of carbon emission growth objectively. However, a number of green technologies have not yet formed mature industrial applications, and promoting the green and low-carbon development of the industry has become a necessary measure to address the sustainable development of the petrochemical and chemical industry. The petrochemical and chemical industry should establish a digital carbon management process from three levels: chemical production, perception monitoring, and control of emission reduction, with the support and guidance of organizational management departments, to effectively improve the industry's carbon management level.

Keywords: Digital Carbon Management; Carbon Peaking; Carbon Neutrality; The Petrochemical and Chemical Industry

B.8 Analysis and Suggestions on the Development Trend of
Green and Low-carbon Innovtion in the Textile Industry

Zhang Hongbo, Meng Qi, Zhao Jueyu,
Shi Lijuan and Sun Yulong / 086

Abstract: The textile industry, as an important pillar industry of national economic and social development, has long been moving towards a green and low-carbon direction. However, the popularization of green and low-carbon concepts, insufficient investment in technological innovation and research, as well as imperfect policies and regulations and inadequate supervision, have constrained the innovative development of green and low-carbon in the textile industry. Based on the analysis of the current development status, this article proposes four development trends in

175

the textile industry: firstly, it provides more green and low-carbon choices for the industry that the greening of textile materials. Secondly, the key technologies upgrade is used to promote the green transformation of the entire industry chain. Thirdly, the improvement the level of digitalization and intelligence has promoted the development of green manufacturing. Fourthly, the concept of green consumption is continuous deepening. The relevant suggestions from the perspectives of government, enterprises, technology, and international for the four development trends are provided, in order to make greater contributions to the green development of China's textile industry and environmental protection.

Keywords: Textile Industry; Green and Low-Carbon; Green Materials; Green Manufacturing; Green Consumption

B.9 New Energy Automobile Industry Development Status and Low-carbon Promotion Measures

Li Liwei, Ma Luyao, Liang Tong and Cui Xuemin / 096

Abstract: With the increasingly serious global environmental problems and the growing voice of sustainable development, the green and low-carbon transformation of traditional industries has become particularly important. The environmental challenges and pressures that the automotive industry is facing includes increased carbon emissions, increased resource consumption, air pollution and other issues. These factors have made it imperative for the automobile industry to transition to green and low-carbon development. This paper reflects the current situation of China's new energy automobile industry by introducing the development status of China's new energy automobile industry and the upgrading path of energy saving and carbon reduction capability. However, the automobile industry has broken through the shell of traditional car companies, and in the process of developing the new energy automobile industry. There are still many problems to be solved from the perspective of the government and industry. In order to promote the better development of the new energy automobile industry and help the carbon of the automobile industry reach the peak of carbon neutrality, the government, industry and enterprises themselves should take corresponding measures. This paper aims to provide practical experience and reference for the green and low-carbon transformation of the automobile industry, promote environmental protection and sustainable development by promoting the green development of the new energy automobile industry, and achieve a win-win situation of economic and environmental benefits.

Keywords: New Energy Automobile Industry; Green and Low-carbon; Energy Saving and Carbon Reduction

B.10 Research and Suggestions on the Development Path of
China's New Energy Industry
Zhang Hongbo, Meng Qi, Zhao Jueyu and Shi Lijuan / 107

Abstract: The development of new energy industry is not only related to environmental protection and climate governance, but also an important driving force for economic transformation and high-quality development in China. However, the development of the new energy industry still faces many challenges, such as incomplete industrial development plans, low utilization rate of new energy power grid connection, and insufficient independent innovation capabilities. In this context, this article proposes a key path to break through bottlenecks and seek development that strengthening technological innovation, market demand guidance, financial and fiscal support, and institutional mechanism construction, in order to achieve innovative development in the new energy industry. The development suggestions are provided that include top-level planning to avoid disorderly competition, taking multiple measures to enhance the construction of the power system, strengthening talent cultivation, and enhancing independent innovation capabilities.

Keywords: New Energy Industry; Green and Low-Carbon; High-Quality Development

Ⅳ　Practice Reports

B.11　Research on Practice Path of Digital Energy Saving and
　　　Carbon Reduction in Industrial Field
　　　Su Yongrui, Yang Zijiang, Liu Zhenghan and Chai Jiqiang / 117

Abstract: Energy-saving carbon reduction is an important task of green development in the industrial field. With the continuous maturity of digital technology, the use of digital applications to improve energy saving and carbon reduction effect has become an important trend of development. This article is based on digital green collaborative transformation and development strategies, sorting out the current status of energy-saving and carbon-reducing development of energy-saving and carbon reduction in the industrial field. System analysis is currently developing the problems and blockage in the process of energy conservation and carbon reduction in the industrial field. This article is attempted to propose a digital green integrated service management platform model. It aims to explore the new path of energy conservation and carbon reduction development through digital applications, integration applications and green applications to provide theoretical reference and practice attempts for the development and practice of digital energy saving and carbon reduction in the industrial field in the future.

Keywords: Energy-saving Carbon Reduction; Digital Technology; Industrial Field

B.12 Practice and Application of Industrial Digital
Carbon Management Service Platform

Li Liwei, Liang Tong, Ma Luyao and Cui Xuemin / 128

Abstract: Digital carbon management platforms play a key role in the digital transformation and green development of the industrial sector, providing industrial companies with an important tool to monitor, report and manage carbon emissions. The purpose of this paper is to explore the significance of digital carbon management in industry, the function of the platform and the impact on the sustainable development of industry. This paper introduces the design and implementation path of the industrial digital carbon management service platform, and studies actual cases, describes the practical application of industrial digital carbon management, and provides in-depth understanding and application recommendations on carbon management for industrial enterprises and government departments. Finally, on the basis of the analysis of the future low-carbon development trend, technology application and social responsibility, the development of industrial digital carbon management is prospected.

Keywords: Greening of Industry; Green and Low-Carbon; Digital Transformation; Carbon Management Platform

B.13 Implementation Strategies and Practices of Low－Carbon

Data Centres in China   *Yang Xu*, *Zeng Zhu*, *Yang Jiehan*,

Xu Zhixin and Lu Jiangnan / 137

Abstract: As data center and the core infrastructure of the digital economy, the number of data center in China continues to grow, as does the amount of energy they use. Under the background of "Dual-Carbon", data centers are facing constraints such as high energy consumption and high carbon emissions. In order to meet the green development requirements of data center under the "Dual-Carbon" strategy, this paper introduces the applicable building technologies, cooling technologies, electric power technologies, and operation and maintenance technologies of data center, supplemented by advanced cases in China, to put forward suggestions for promoting the decarbonisation and greening of data center, so as to achieve a significant reduction in energy consumption and operating costs, and thus promote the process of decarbonisation of data cent in China.

Keywords: Data Center; Assembly Buildings; Liquid Cooling; Photovoltaic Power Generation

B.14 The Construction Path and Countermeasures of Zero-carbon

Smart Parks Under the Coordination Development of

Digitalization and Greenization

Research Group on Digital and Green Collaborative

Transformation Park Construction / 150

Abstract: In the context of digital and green collaborative development, the construction of zero carbon smart parks has become a hot area for the dual development of smart cities. However, there are also problems such as lack of overall planning and immature low-carbon technologies. This article introduces the current zero carbon park information architecture and typical construction paths, such as a multi energy complementary energy system, block-chain certification, artificial intelligence energy consumption prediction, transportation energy integration scheduling, and data element value-added. It is suggested that the construction of zero carbon smart parks should strengthen regional coordination, effectively plan implementation paths, promote relevant digital technology innovation, establish a sound carbon emission management system, and integrate the construction, operation, and maintenance of zero carbon smart parks.

Keywords: Double Transformation Collaboration; Zero-Carbon Smart Parks; Construction Paths; Multi Energy Complementary

社会科学文献出版社

皮 书

智库成果出版与传播平台

✤ 皮书定义 ✤

皮书是对中国与世界发展状况和热点问题进行年度监测，以专业的角度、专家的视野和实证研究方法，针对某一领域或区域现状与发展态势展开分析和预测，具备前沿性、原创性、实证性、连续性、时效性等特点的公开出版物，由一系列权威研究报告组成。

✤ 皮书作者 ✤

皮书系列报告作者以国内外一流研究机构、知名高校等重点智库的研究人员为主，多为相关领域一流专家学者，他们的观点代表了当下学界对中国与世界的现实和未来最高水平的解读与分析。

✤ 皮书荣誉 ✤

皮书作为中国社会科学院基础理论研究与应用对策研究融合发展的代表性成果，不仅是哲学社会科学工作者服务中国特色社会主义现代化建设的重要成果，更是助力中国特色新型智库建设、构建中国特色哲学社会科学"三大体系"的重要平台。皮书系列先后被列入"十二五""十三五""十四五"时期国家重点出版物出版专项规划项目；自2013年起，重点皮书被列入中国社会科学院国家哲学社会科学创新工程项目。

皮书网

（网址：www.pishu.cn）

发布皮书研创资讯，传播皮书精彩内容
引领皮书出版潮流，打造皮书服务平台

栏目设置

◆ **关于皮书**
何谓皮书、皮书分类、皮书大事记、
皮书荣誉、皮书出版第一人、皮书编辑部

◆ **最新资讯**
通知公告、新闻动态、媒体聚焦、
网站专题、视频直播、下载专区

◆ **皮书研创**
皮书规范、皮书出版、
皮书研究、研创团队

◆ **皮书评奖评价**
指标体系、皮书评价、皮书评奖

所获荣誉

◆ 2008 年、2011 年、2014 年，皮书网均
在全国新闻出版业网站荣誉评选中获得
"最具商业价值网站"称号；
◆ 2012 年，获得"出版业网站百强"称号。

网库合一

2014 年，皮书网与皮书数据库端口合
一，实现资源共享，搭建智库成果融合创
新平台。

皮书网

"皮书说"
微信公众号

权威报告·连续出版·独家资源

皮书数据库
ANNUAL REPORT(YEARBOOK)
DATABASE

分析解读当下中国发展变迁的高端智库平台

所获荣誉

- 2022年，入选技术赋能"新闻+"推荐案例
- 2020年，入选全国新闻出版深度融合发展创新案例
- 2019年，入选国家新闻出版署数字出版精品遴选推荐计划
- 2016年，入选"十三五"国家重点电子出版物出版规划骨干工程
- 2013年，荣获"中国出版政府奖·网络出版物奖"提名奖

皮书数据库　　"社科数托邦"
微信公众号

成为用户

　　登录网址www.pishu.com.cn访问皮书数据库网站或下载皮书数据库APP，通过手机号码验证或邮箱验证即可成为皮书数据库用户。

用户福利

- 已注册用户购书后可免费获赠100元皮书数据库充值卡。刮开充值卡涂层获取充值密码，登录并进入"会员中心"—"在线充值"—"充值卡充值"，充值成功即可购买和查看数据库内容。
- 用户福利最终解释权归社会科学文献出版社所有。

社会科学文献出版社 皮书系列
SOCIAL SCIENCES ACADEMIC PRESS (CHINA)
卡号：931958277716
密码：

数据库服务热线：010-59367265
数据库服务QQ：2475522410
数据库服务邮箱：database@ssap.cn
图书销售热线：010-59367070/7028
图书服务QQ：1265056568
图书服务邮箱：duzhe@ssap.cn

S 基本子库
UB DATABASE

中国社会发展数据库（下设 12 个专题子库）

紧扣人口、政治、外交、法律、教育、医疗卫生、资源环境等 12 个社会发展领域的前沿和热点，全面整合专业著作、智库报告、学术资讯、调研数据等类型资源，帮助用户追踪中国社会发展动态、研究社会发展战略与政策、了解社会热点问题、分析社会发展趋势。

中国经济发展数据库（下设 12 专题子库）

内容涵盖宏观经济、产业经济、工业经济、农业经济、财政金融、房地产经济、城市经济、商业贸易等 12 个重点经济领域，为把握经济运行态势、洞察经济发展规律、研判经济发展趋势、进行经济调控决策提供参考和依据。

中国行业发展数据库（下设 17 个专题子库）

以中国国民经济行业分类为依据，覆盖金融业、旅游业、交通运输业、能源矿产业、制造业等 100 多个行业，跟踪分析国民经济相关行业市场运行状况和政策导向，汇集行业发展前沿资讯，为投资、从业及各种经济决策提供理论支撑和实践指导。

中国区域发展数据库（下设 4 个专题子库）

对中国特定区域内的经济、社会、文化等领域现状与发展情况进行深度分析和预测，涉及省级行政区、城市群、城市、农村等不同维度，研究层级至县及县以下行政区，为学者研究地方经济社会宏观态势、经验模式、发展案例提供支撑，为地方政府决策提供参考。

中国文化传媒数据库（下设 18 个专题子库）

内容覆盖文化产业、新闻传播、电影娱乐、文学艺术、群众文化、图书情报等 18 个重点研究领域，聚焦文化传媒领域发展前沿、热点话题、行业实践，服务用户的教学科研、文化投资、企业规划等需要。

世界经济与国际关系数据库（下设 6 个专题子库）

整合世界经济、国际政治、世界文化与科技、全球性问题、国际组织与国际法、区域研究 6 大领域研究成果，对世界经济形势、国际形势进行连续性深度分析，对年度热点问题进行专题解读，为研判全球发展趋势提供事实和数据支持。

法律声明

"皮书系列"（含蓝皮书、绿皮书、黄皮书）之品牌由社会科学文献出版社最早使用并持续至今，现已被中国图书行业所熟知。"皮书系列"的相关商标已在国家商标管理部门商标局注册，包括但不限于LOGO（▓）、皮书、Pishu、经济蓝皮书、社会蓝皮书等。"皮书系列"图书的注册商标专用权及封面设计、版式设计的著作权均为社会科学文献出版社所有。未经社会科学文献出版社书面授权许可，任何使用与"皮书系列"图书注册商标、封面设计、版式设计相同或者近似的文字、图形或其组合的行为均系侵权行为。

经作者授权，本书的专有出版权及信息网络传播权等为社会科学文献出版社享有。未经社会科学文献出版社书面授权许可，任何就本书内容的复制、发行或以数字形式进行网络传播的行为均系侵权行为。

社会科学文献出版社将通过法律途径追究上述侵权行为的法律责任，维护自身合法权益。

欢迎社会各界人士对侵犯社会科学文献出版社上述权利的侵权行为进行举报。电话：010-59367121，电子邮箱：fawubu@ssap.cn。

社会科学文献出版社

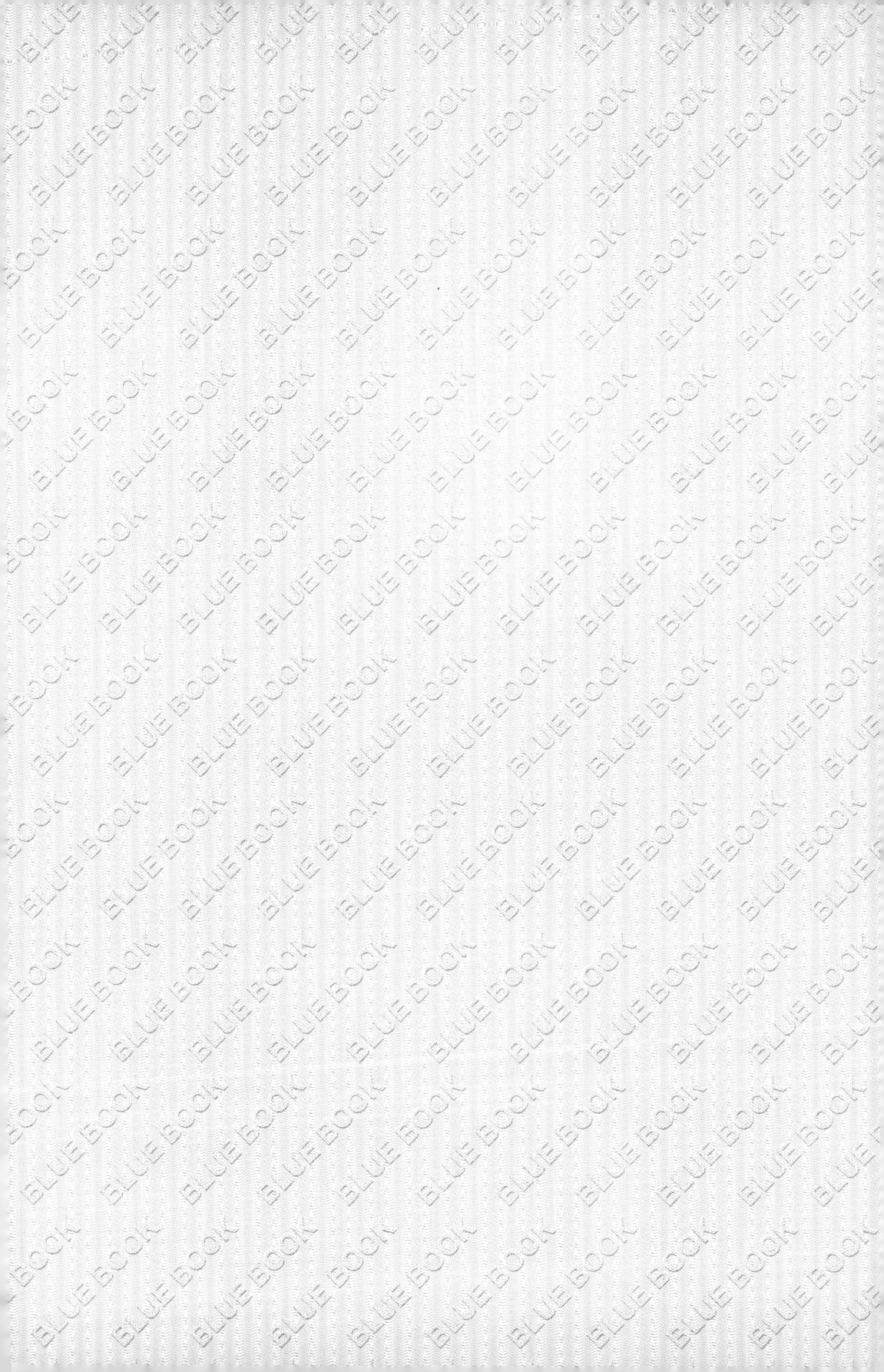